KB245338

新 만화경제

금융대란이 온다

이시노모리 쇼타로/시마모토 카주히코 지음
문현일 옮김

자작나무

MANGA NIHON NO KEIZAI by Shotaro Ishinomori and Kazuhiko Shimamoto
Copyright © 1996 by Shotaro Ishinomori and Kazuhiko Shimamoto
All rights reserved
First published in Japan in 1996 by Nihon Keizai Shinbun Inc., Publication Department
This edition published by arrangement with Nihon Keizai Shinbun Inc., Publication Department
through Japan Foreign-Rights Centre/MUNBO Co., Ltd.
Korean translation rights © 1996 by CHAJAKNAMU PUBLISHERS

이 책의 한국어판 저작권은 Japan Foreign-Rights Centre와 MUNBO Co., Ltd.를 통한
Nihon Keizai Shinbun Inc., Publication Department와의
독점계약으로 자작나무에 있습니다.
저작권법에 의해 한국내에서 보호를 받는 저작물이므로
무단전재와 무단복제를 금합니다.

新 만화경제
금융대란이 온다

지은이 • 이시노모리 쇼타로/시마모토 카주히코
옮긴이 • 문현일
초판 인쇄일 • 1996년 11월 25일
초판 발행일 • 1996년 11월 30일
펴낸곳 • 도서출판 자작나무
펴낸이 • 송인석
주소 • 121-070 서울시 마포구 용강동 494-14
전화 • 711-7821~2, 713-9399
팩스 • 711-7823
등록 • 제10-713호(1992. 7. 7)
ISBN • 89-7676- 405-6

값 6,500원

* 잘못된 책은 바꾸어 드립니다.

■드리는 말

현대 일본경제의 향방

극적인 반전은 드라마에서만 있는 것은 아니다. 최근의 일본경제에 대한 평가도 반전을 넘어 차라리 극적이라 하지 않을 수 없다.

『세미나 일본경제입문』(일본경제신문사, 1988)이란 책 중 〈오늘날의 일본경제〉는 '풍요한 사회를 산다' '성공한 제파노믹스'와 같은 내용을 담고 있다. 그러나 7년 후에 출판된 같은 책의 제2판 〈오늘날의 일본경제〉는 '어려운 문제가 산적한 일본경제'라는 내용으로 바뀌고 있다. 또한 같은 출판사의 『일본경제 TODAY』(일본경제신문사, 1995)가 그리고 있는 일본 경제의 현주소는 더욱 암울하다. '심각한 취업난, 주가·지가의 하락에 더하여 일반물가도 하락하는 디플레이션의 조짐, 금융기관의 잇단 경영파탄-쇼와〔昭和〕시대 초기(1920년대 말에서 30년대 초)의 공황을 연상시키는 현상이 계속하여 표면화하고 있다'고까지 평가하며 '출구없는 불황'을 실랄하게 논단하고 있다.

90년대 전반의 일본 경제에 도대체 무슨 일이 일어났는가?

우선 몇가지 지표를 통해 일본 경제의 최근 변화를 개관해 보기로 하자.

석유 위기를 계기로 연 3~4%대의 안정 성장으로 이행하고 있던 일본 경제는, 1987년부터 90년까지 4년간 연평균 실질성장률 5.3%를 기록하여 새로운 성장 시대에 대한 기대감에 부풀었다. 그러나 이러한 버블 경제가 붕괴한 90년 이후 일본 경제는 거의 제로 성장을 하고 있다. 평성(平成) 불황이 시작된 1991년의 성장률은 3.6%(GDP를 근거로 한 실질성장률. 이하 같음)이었지만, 92년, 93년은 각각 0.3%, 마이너스 0.2%를 기록하였다. 1994년도는 제1사분기에 0.8% 성장했으나, 제4사분기는 다시 마이너스 0.7%의 성장을 기록하였고, 95년도에 들어와서도 경기회복은 여전히 미약하였다.

불황의 심각화는 저조한 기업 실적에서도 나타나고 있다. 법인소득(사업연도의 총수입에서 총비용을 제외한 금액)은 버블 경기가 정점에 달한 1990년도가 최고로, 50조 엔에 육박하였으나 이후 1993년도까지 연속적으로 전년도 대비 마이너스를 기록하였다(제국데이터뱅크 조사). 1993년도의 법인신고소득 공시총액은 30조 4천 282억 엔으로 1990년도에 비해 20조 엔 가까이 줄어들었다. 이러한 경기의 위축은 기업재구축(restructuring)과 같은 경영 개혁의 추진과 이에 따른 고용 감소로 나타났다. 실업자수는 1990년도에 134만 명(실업율 2.1%)이었으나, 1993년 12월에는 175만 명(실업율 2.9%), 1995년 봄부터는 200만 명대에 이르고 있다. 1995년 3월에 기록한 219만 명의 완전실업자수는 1953년 조사 개시 이래 최악의 숫자이다. 이외에 기업내

실업자가 100만 내지 120만 명 정도 존재하는 것으로 추산되고 있다(400~500만 명으로 추산하고 있는 학자도 있음).

일본의 도매물가지수는 1990년 이래 94년까지 계속 하락하고 있고(1990년도를 100으로 할 때, 94년은 92.7이었다. 단, 물가의 장기적 안정추세가 1982년경부터 시작되고 있다), 소비자물가지수를 보면, 두 차례의 석유위기가 있었던 1973년부터 81년 사이의 연평균 물가 상승률은 9.4%였으나, 1982년부터 92년 사이의 연평균 물가 상승률은 1.88%에 불과한 것으로 나타났다. 그러나 일본의 80년대 물가동향에서 유의할 것은 플로우 가격과 스톡 가격의 움직임에 괴리가 나타났다는 점이다.

플로우 가격(재화나 서비스의 가격)은 82년경부터 안정내지 하락 경향에 잇는데 반해, 주가나 지가로 대표되는 스톡 가격은 80년대부터 오르기 시작하여, 플라자 합의 이후인 1986년경부터 가파르게 상승하였다. 반면 1990년부터 자산 가격은 급락하여 자산 디플레이션이 시작되었다. 이른바 버블의 파열이었다. 종래는 인플레이션이 일본 경제의 과제였으나, 이제는 디플레이션이 새로운 과제로 부상하고 있다.

이러한 변화의 배후에는 어떤 요인이 움직이고 있는 것일까?

우선, 90년대 초반의 불황은 경기 조정국면으로 볼 수 있다. 일본은 80년대 후반에, 고도 성장기인 '이나자기 경기'(1965년 10월부터 1971년 12월까지, 또는 경기 확장기인 70년 7월까지의 57개월)에 비견될 정도로 장기간 지속된 평성(平成) 경기(1986년 11월부터 1993년 10월까지, 또는 경기 확장기간인 91년 4월까지의 53개월)를 구가하였다. 따라서 90년대의 불황은 호황의 뒤를 잇는 경기 순환국면의 하나로 볼 수 있다. 그러나, 이번 불황이 장기

월)를 구가하였다. 따라서 90년대의 불황은 호황의 뒤를 잇는 경기 순환국면의 하나로 볼 수 있다. 그러나, 이번 불황이 장기화되고 심각해지는 데 주식투자이익과 같은 '자산효과'가 중요한 역할을 하고 있다는 점에서 종래의 불황과는 다른 특징을 보여주고 있다.

평성 호황을 이끈 주역은 개인소비나 설비투자와 같은 민간내수였다. 민간내수의 증대는 특히, 자산매각소득(capital gain)의 증대에 의한 것이었다. 국민경제계산통게로부터 구한 계산상의 자산매각소득은 1986년에 338조 엔, 1987년에는 462조 엔, 1988년에는 316조 엔, 1989년에는 503조 엔에 달했다. 1989년의 GNP는 399조 엔이었다. 이처럼 GNP를 상회하는 거대한 자산매각소득이 민간내수를 증대시켜 평성 경기를 일으키는데 결정적인 역할을 했다.

그러나 이 시기의 자산매각소득에는 버블이 있었다. 버블을 펀더멘털스(fundamentals : 성장률이나 금리, 인플레이션율 등의 경제적 지표)로 설명할 수 있는 이상의 주가나 지가의 상승분으로 본다면, 앞서 언급한 플로우 가격과 스톡 가격의 괴리는 버블의 존재를 시사하는 것이라 할 수 있다. 버블이 90년도부터 터지기 시작하면서 자산매각소득은 마이너스로 반전되었다. 자산가격의 하락에 따른 자산매각소득의 마이너스 폭은 90년은 81조 엔, 92년은 208조 엔, 93년에는 무려 448조 엔에 달했다. 이번에는 주식투자손해와 같은 마이너스 자산효과가 평성 불황의 중요한 요인으로 작용하였다.

한편 이번 불황은 단순히 경제변동론의 범위를 넘어서서, 일본형 경제시스템 전체에 대한 재검토라는 문제를 제기하고 있다. 이번 불황의 장기화·심각화는 지금까지의 일본경제를 지탱하고 있던 제도들이 국내외의 경제 환경 속에서 더 이상 적합하지 않게 되었다는 사실을 시사하는 것이다. 이런 의미에서 최근 노구찌 교수의 '1940년대 체제론〔野口悠紀雄, 『千九百四十年體制』(東洋經濟新報社, 1995)〕' 은 주목할 필요가 있다고 생각된다.

노구찌 교수는 전후의 일본형 경제시스템의 원류는 전시경제체제-40년대 체제-에서 찾을 수 있다고 주장한다. 40년대 체제는 전쟁 수행을 위한 국가총동원체제였다. 그리고 전후 일본형 경제시스템은 '전쟁' 대신 '성장'을 위한 국가총동원체제라고 할 수 있다. 일본형 경제시스템의 주요 내용은 일본형 기업(회사중심주의), 간접 금융체제, 중앙집권적 조세재정 제도, 정부의 역할 등이다.

노구찌 교수가 열거한 일본형 경제시스템의 주요 내용들이 전시 경제에 그 연원을 두는 것인지는 논란의 여지가 있을지 모르나, 이러한 제도들이 일본의 고도성장 시대에 효율적으로 기능하였다는 점에 대해서는 대체로 동의할 수 있을 것이다.

그러나 이러한 제도들은 노구찌 교수가 지적하고 있는 바와 같이 현재 국내외의 환경변화에 대해 적절히 기능하고 있지 못할 뿐만 아니라, 오히려 개혁의 장애가 되고 있다. 예를 들어 일본식 고용관계를 생각해 보기로 하자. 종신고용·연공서열을 특징으로 하는 기존의 고용구조는 단일품종을 대량생산하면서 성장하는 산업구조에 적절하였다. 그러나 저성장 사회에서 더구나 소비자 수요의 다양화와 급속한 기술 발전의 상황에서는 과거와 같은 단일품종의 상품을 대량생산하는 산업을 기대하는 것은 무리이다.

따라서 기업의 관심은 소비자의 다양한 수요에 맞추어 어떻게 하면 생산품을 차별화·다양화할 것인가, 또 어떻게 새로운 산업분야에 진입할 것인가에 맞추어지고 있다. 사업을 다각화하기 위해서는 노동자의 원활한 기업간 이동이 필요하다. 즉 산업구조의 조정에는 고용조정이 불가피하다. 그러나 현재의 종신고용·연공서열에 기초한 기업 구조에서 노동자의 기업간 이동은 높은 비용을 수반하기 때문에, 산업구조의 재빠른 조정을 지연시키고 있다. 평성 불황의 배경에는 이러한 제도적 또는 경제시스템상의 문제가 있는 것이다.

그렇다면 일본식 경제시스템의 변혁을 강요하고 있는 국내외의 경제환경이란 무엇인가? 논자에 따라 다르겠지만 저성장 시대, 수요의 다양화, 정보통신기술을 중심으로 한 기술 혁신, 국제화의 진전, 엔고 및 무역마찰, 고령화, 환경문제 등은 누구나 공통적으로 생각할 수 있는 문제들일 것이다.

저성장하에서는 기존의 고용구조의 유지는 불가능하며, 하청계열의 유지도 어렵다. 고령화는 노동력 부족의 문제와 사회 복지부담 증가에 따른 재정문제를 제기하고 있다. 수요의 다양화는 재빠른 산업구조의 조정과 소품종 대량생산에서 다품종 소량생산으로의 이행을 촉구하고 있다. 기술 혁신의 영향은 광범위하지만, 특히 정보통신기술의 혁신은 기존의 기업지배 구조나 기업간의 관계에도 중대한 변화를 줄 것으로 예상된다. 국제화의 진전과 무역마찰은 점점 더 일본 내의 룰을 세계 공통의 룰에 근접시킬 것을 강요하고 있다. 세계 공통의 룰이 무엇인가에 대해서는 논의의 여지가 있으나 담합, 사전교섭 등과 같은 종래의 일본적 관행이 국제사회에서 더 이상 통용되리라고는 생각되지 않는다. 환경문제는 비단 일본만이 직면한 문제는 아니나, 앞으로 일본 경제의 최대변수의 하나가 될 것이다. 이러한 국내외의 경제환경 변화에 일본 경제가 어떻게 대처해 나갈 것인지 주목된다.

『新 만화경제 금융대란이 온다(원제 : 만화 일본의 경제)』는 위와 같이 최근 급변하고 있는 일본 경제의 변화와 흐름을 독자에게 알기 쉽고 재미있게 전달해 주는 양서라고 생각한다. 본서의 가장 큰 장점은 경제적 현상을 '샐러리맨들의 생활감각적 언어'로 무리없이 풀어가고 있다는 점이다. 또한 만화라는 매체의 특징 즉, 시각을 통한 이미지의 구체화로 흥미를 유발시키고 자세한 설명을 곁들여 이해를 돕도록 한 것도 본서의 장점이라 할 수 있다.

물론 만화라는 매체의 특징은 마이너스적 측면도 갖고 있다. 현상의 체계적 이해라는 점에서 만화는 아무래도 정통 이론서를 따라가지는 못할 것이다. 그러나 본서는 이러한 만화의 단점을 상당히 극복하고 있다. 이것은 본서가 일본 경제에 대한 정확하고 균형잡힌 해설서로 평가받고 있는 『세미나 일본경제입문』을 밑바탕으로 하고 있으며, 『세미나 일본경제입문』과 동일한 필진에 의해 집필되었기 때문이라고 생각한다.

따라서 본서는 흥미 위주로 에피소드를 나열하는 흔한 만화가 아니다. 일본 경제 현상에 대한 체계적인 이해 위에서 주의깊게 스토리를 전개하고 있기 때문에 일반 독자는 물론, 대학 강의의 보조 교재로도 충분한 수준이라고 본다.

구판이 일본 경제의 주요 문제를 망라하고 있는 데 비해, 신판은 각 권마다 테마를 좁혀 보다 심도있는 분석을 하고 있다. 본서는 금융 문제를 중심으로 은행 합병, 부실채권 등의 테마를 통해 현재의 일본 은행들이 놓여 있는 상황과 일본 은행들의 대응 방식을 생생하게 그려내고 있다.

신판의 첫 테마를 금융문제로 한 것은 최근의 은행의 경영파탄, 버블경제의 후유증으로 인한 부실채권의 처리 문제 등 일본 금융 시스템에 대한 위기감이 그 어느 때보다 고조되어 있기 때문이라고 생각된다.

나는 작년 8월 30일 오사카에서, 기즈〔木津〕신용조합의 경영파탄이 보도되자 예금환수를 요구하는 예금자들이 밤새도록 신용조합 앞에서 장사진을 치고 있는 장면을 목격하였다. 같은 날 제2지방은행 중 최대규모를 갖는 효고〔兵庫〕은행의 경영파탄이 보도되었다. 예금주들이 예금을 찾으려고 은행 앞에서 소동을 일으키는 장면을 일본인이 대하는 것은 실로 1927년의 금융공황 이래 처음 있는 사건이었다. 동시에 은행은 절대로 망하지 않는다는 전후 일본경제의 신화가 깨어진 날이기도 했다. 그만큼 은행의 경영파탄은 일본인에게 커다란 충격이었다.

본서는 현재의 일본 금융 체제가 갖고 있는 문제점을 은행 합병 문제와 관련해 알기 쉽게 해설하고 있으며, 때로는 날카롭게 비판하고 있다. 독자는 주인공 오자키의 연인 사라를 통해, 구태의연한 일본 은행의 대응방식에 대한 저자의 비판 의식과 초조함을 읽을 수 있을 것이다.

본서를 주의깊게 읽는 독자는 일본 경제의 문제가 어디 있는지 점점 그 윤곽이 명확해져 가는 것을 실감할 수 있을 것이다. 그러나 동시에 아마도 독자들의 가슴속에서 계속해서 일어나는 두 가지 물음에 대한 대답이 석연치 않음에 답답함과 초조함을 느낄 것이다.

하나는 일본 경제의 장래다. 일본식의 시스템은 이제 과거의 유물일 뿐인가? 이를 대신할 수 있는 것이 미국식의 시스템인가? 본서는 이 문제에 대해 명확한 대답을 제시하고 있지는 않다. 주인공 오자키가 은행 합병 과정에서 희생양으로서 좌천되지만, 좌천된 자리에서 '일본 금융 시스템의 근본적 개혁'을 자신이 해야 할 새로운 과제로 정립시키고 있다는 것은 매우 상징적이다.

또다른 문제는 일본이 안고 있는 문제가 우리 나라가 안고 있는 문제와 상당히 유사하다는 점이다. 예를 들어, 대장성의 강력한 영향력 아래에 있는 일본 은행의 이미지는, 재정경제원의 강력한 통제와 감독하에 있는 우리 나라 시중은행의 이미지와 거의 흡사하다. 때문에 일본과 마찬가지로 국제화와 금융 개방은 이미 우리 나라에서도 시간 문제이다. 우리 나라는 어디로 가야할 것인가? 과거의 일본식 시스템이 우리의 모델이 될 수 없다는 것은 명백해졌다. 그렇다고 미국식 시스템이 우리가 지향해야 할 모델이 될 수도 없을 것이다. 유럽을 포함한 세계 각국의 금융 시스템에 대한 주의깊은 검토와 함께, 자신의 역사적 경험과 전통을 살린 한국식 모델의 모색이 필요한 때이다.

1996년 11월

정진성

차례

은행합병

등장인물

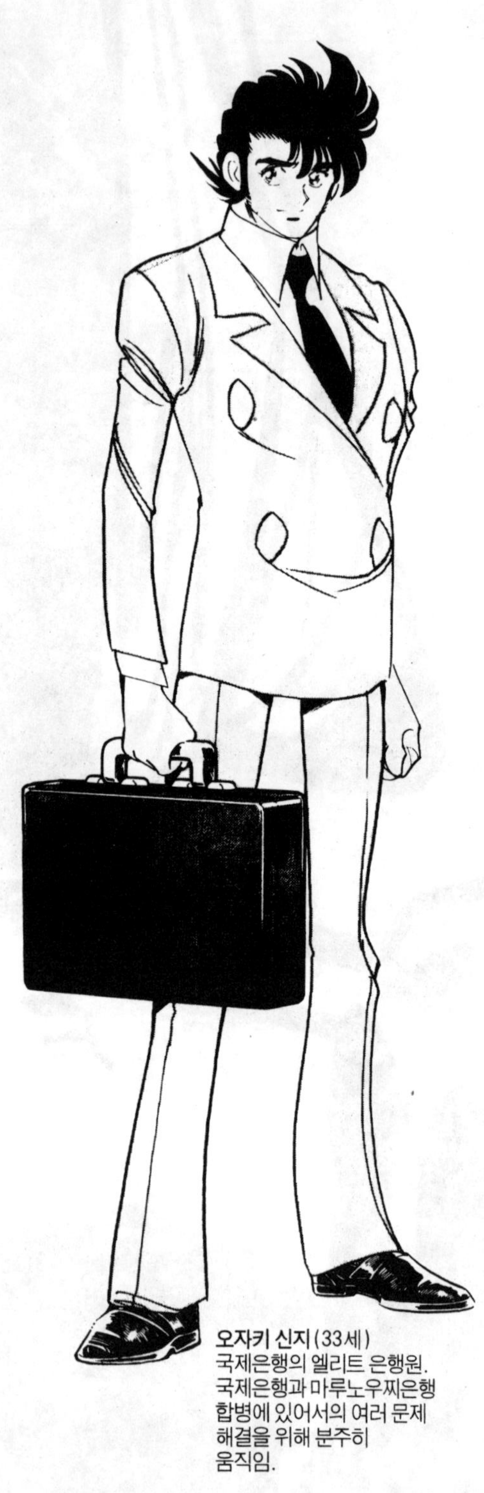

오자키 신지(33세)
국제은행의 엘리트 은행원.
국제은행과 마루노우찌은행
합병에 있어서의 여러 문제
해결을 위해 분주히
움직임.

도오야마(국제은행 상무)
오자키의 상사

구보(국제은행 상무)
도오야마의 라이벌

사라 국제은행 뉴욕지점에 근무하는 딜러
오자키의 여자친구

가토오(국제은행 근무)
오자키의 동기생

나미 고급클럽 죠루주
상쿠의 호스티스

니이무라 미국금융전문지
「뱅키 앤드 뱅킹」의 동경 지국장

하바드 호(딜러)
디리버티브 사건으로
국제은행에 거액의 손실을
입힘.

오가사와라(국제은행부행장)
대장성 출신

뉴욕플라자 호텔
쨍—

사라,
생일을
축하해.
고마워요.
신지.

하지만, 오늘부터
삼십대가 된다니
심기가
복잡하군요.
하하하

사라답지 않은 말을
하는군. 여자 나이를
이러쿵저러쿵 하는
것은, 남자들의
이기심 때문이라고 항상
펄펄뛰던 사람이.

아니,
그건
일반론
이고…
자신이 나이
먹는 게
좋은 사람이
어디 있겠어요.

호호호!

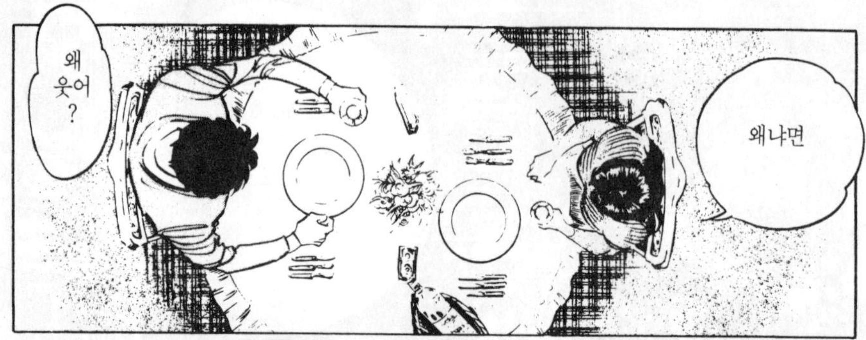

스무살되자 십년이 눈깜짝할 사이에 지나갔는데.

이런식으로 삼십대도 지나 가는가 싶으니…

그건 나도 동감이야. 참, 십년전이면 여기서 중요한 회의가 있었지.

플라자 합의 말인가요?

나는 그때 콜롬비아 대학의 학생 이었기 때문에 그 회담에 대해 알아요.

플라자 합의　1985년 9월 22일에 뉴욕의 플라자호텔에서 열린 5개국 재무부장관 회의에서 이루어진, 달러고 시정을 위한 합의. 달러고는 일거에 수정되고 그 후에 엔고 기조가 정착했다.

거품경제 일본에서는 1986년 이후 금융완화를 배경으로 해 주식이나 땅값이 급등했다. 수익성 등의 측면에서 객관적으로 평가되던 능력 이상으로 자산가격이 상승함에 따라 부푼 이 시기의 일본경제를 칭한다.

좋아요.

우루과이라운드 동경라운드(1973~79)에 이은 GATT(관세 및 무역에 관한 일반 협정)의 새로운 다각적 무역협상. 1993년 12월의 무역협상 위원회에서 7년 이상에 걸친 교섭이 겨우 타결됐다.

무슨 일이 있었습니까?
그건 여기에 온 뒤에 얘기하기로 하세.
알겠습니다.
왜 그래요, 문제가 있어요?
본점에서 소환명령이야. 내일 첫 비행기로 돌아가야 해.
급한 모양인데. 무슨 일이죠?
모르겠어.
모든 것은 동경에 가봐야 알게 돼.

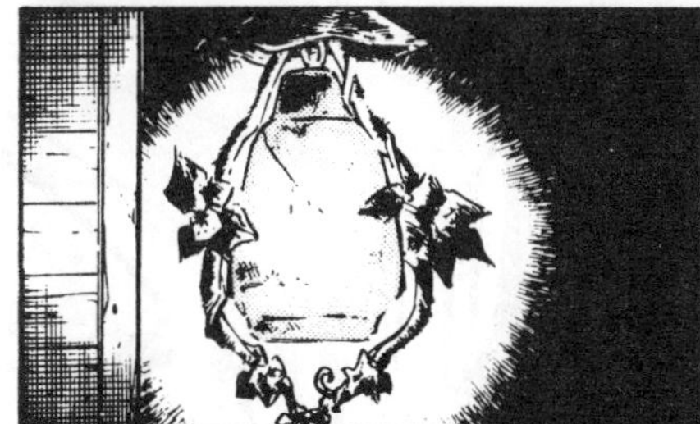

엔고 엔의 가치가 올라가는 것. 엔고일때 달러 베이스의 수출 가격을 유리하기 위해서는 엔 베이스의 지속적인 인하가 요구되므로, 수출 기업은 타격을 받는 경우가 많다.

신지, 벌써 떠나요?
응
잠을 깨웠군, 미안해
전화 줄거죠?
그럼.

잘—가.

케네디공항
JAPAN AIR LINES

NIKKEI
American Edition

「두 신용조합 경영파탄 영업정지」

보통은행 은행법에 따라 개인이나 기업의 저축을 예금으로 받아들이고 이것을 자금원으로 주로 단기금융에 종사하는 은행. 현재 도시은행 10개, 지방은행 64개, 제2 지방은행 65개 합계 139개의 은행이 있다.

1

일본은행 일본의 중앙은행으로서 금융제도의 중심이 되어 있다. 발권은행, 정부은행, 은행의 은행이라는 세가지 역할을 하고 있다.(우리나라의 한국은행에 해당한다)

회의가
길어져서
언제
도착했나?
오늘
아침에
도착해서
곧바로
왔습니다.
그래,
오느라
힘들었지.
아무래도
전화나 팩스
로는 안되는
문제가 있어서
말이야.
……
지금부터
내가 말하는
내용은 우리
은행원에게도
절대로 말하지
말게.
예.
실은
우리 은행이
합병하게
됐네.
예!
삼년 전에
미국 금융전문지
「뱅커 앤드 뱅킹」
(B&B)에
기사가 실렸을 때
그때는 오보라고
했었는데…
어느
은행이
죠?
마루
노우찌
은행.
……
역시
그렇
군요.

일은특융 일본은행이 금융기관에 대해서 무담보로 자금을 빌려주는 특별금융을 말한다.

남은 과제는
이제부터
어떻게 우리
은행에 유리한
조건으로 합병을
하느냐의
문제지.
우리
은행에
유리한
조건…
상당히
힘이
들겠군요.
지금
으로선
새로운
은행명을
비롯해
새
은행장 및
중역들의
구성, 본점의
소재지 등이
유동적이지.
팟
그런 단계에
매스컴에 정보가
들어갔다니
일이 성가시게
됐군요.
합병이 빨리
추진됐으면
하는 세력이
있다는 거지.
그럼.
의도적으로
정보를
흘린 것
같다는?
그렇게
생각할
수밖에
없네.
대장성의
마지막
결단을 끌어
내는게 목적
일 게야.
대장성
쪽의
반응은
어떻습
니까?
……

MOF(Ministry of Finance) 대장성(한국의 재정경제원에 해당함). 일본의 예산, 세금, 재정 등에 관한 중앙 행정기관.

……
……
그래서 주저하고 있군요.
자네를 불러온 이유도 그것 때문이야.
머지않아 양쪽 은행에서 합병준비위원회가 설치될 걸세 아마 그 숫자는 대충 1백여명 정도이고, 검토하는 항목은 1천5백 정도가 될 걸세.
응, 하지만 매스컴에 보도되면 그러고 있을 수도 없지.
그렇겠지요.
그건 우리도 마찬가지야.
하루속히 합병을 위한 제반정비를 해야하네.
자네는 본점에 복귀해서 중요한 회의에 참가해 주게. 다음달 초에 발령을 내겠어.
그렇게 많습니까?
다음달이라고요!

M & A(merger and acquisition)　기업의 합병. 매수를 뜻. 1975년 무렵부터 미국의 복합기업이 경영의 효율화나 제품의 고부가가치화를 목적으로, 불필요한 부분의 매각이나 기업의 매수를 활발히 진행시켰다.

내가 자네의 배경이 되어줄 수 있는 기간은 아마 짧을지도 모르겠네. 힘든 일이 될 것이라는 점은 각오해야 할 거야.
무슨 말씀이십니까?
상무님 무슨 뜻이지요?
합병으로 우선될 일은 아마 중역들의 감축일걸세. 내가 남게 될 가능성은 아주 적어.
나는 기획실장을 오래했으니 대장성과는 인연이 깊지. 대장성의 뜻에 따라 합병에 반대하느라 분주하다고 험담을 하는 자도 있어. 마루노우찌와의 관계상 그냥 놔 둘수도 없겠지.

메인뱅크 기업의 거래은행 중에서도 가장 큰 영향력을 가지고 있는 주력은행을 말한다. 당해 기업에 대해서 최대의 융자 점유율을 가지고 있을 것, 주된 주주일 것 등을 조건으로 한다.

그렇지.
그런데
왜 여기에
있지?
예.
이번에는
단기출장으로
왔습니다.
흥.
그렇다면
도오야마가
불렀구만.
예,
예예
옛?
그가 뭐라고
했는지 모르지만,
우리 은행은
지금부터 큰일 일세.
자네도 탈 배와
행선지를
잘못 고르지 말게.

홀세일(리테일) 뱅킹 설비투자 대출 등 기업을 상대로 한 거액의 금융업무를 홀세일 뱅킹이라고 하고, 주택금융 등 개인을 상대로 하는 소액의 금융업무를 리테일 뱅킹이라고 한다.

본점
복귀 명령이
나올거라고
들었는데.
조금 전에
도오야마
상무한테서
들었어.
그럼,
합병 이야기도
들었나?
응
내
인사이동도
그것과 관계가
있는 것 같아.
정식 합병은
내년 사월이고,
은행명칭은
국제마루노
우찌은행.
초대 은행장은
우리 은행에서
나온다는 소문이
있다면서?
마루
노우찌의
은행장은
어찌 되나?
회장이
될 것 같아.
이름도
은행장 인사도
마루노우찌에서
많이 신경을
써주고 있군.

도시은행 동경 미쯔비시(東京三菱), 다이이찌강교요(第一勸業), 사쿠라, 후지(富士), 아사히, 상와(三和), 홋카이도타쿠쇼쿠(北海道拓殖)등의 10개 은행을 일컫는다.

디리버티브(Derivative) 금융 파생상품. 금융 상품의 가격변동 위험을 피하고 유리한 조건을 확보하기 위하여 개발된 거래방식. 선도(先渡)거래, 선물(先物)거래, 스와프(교환)거래, 옵션거래 등이 있다.

住專(주우센)문제 1970년대에 개인을 상대로 한 주택자금 대출 전문회사로서 잇따라 설립, 거품경제가 무너짐으로써 경영이 악화되고 그 처리가 금융계만이 아닌 일본 전체의 문제가 되었다.

마음이
무거운데—
음.
그
처리가
지금부터
네가 할
일이야.

HG
RAGE
KK
麻雀

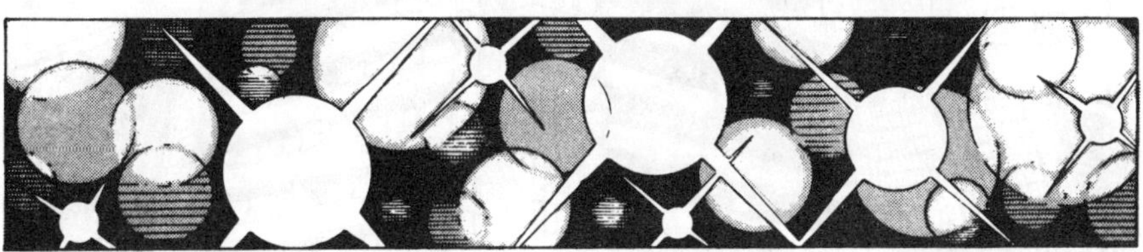

뉴 욕
뉴욕지점
국제은행

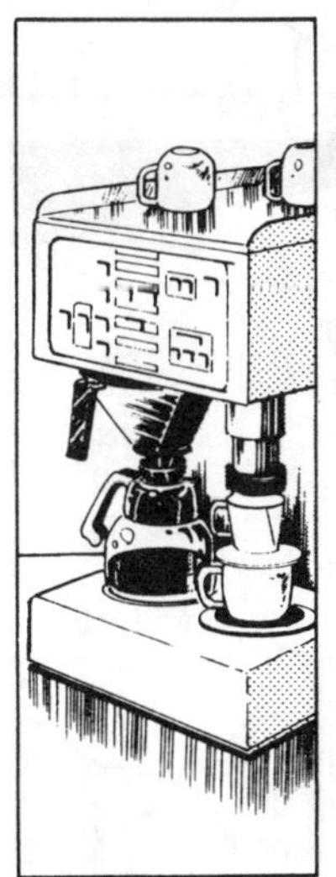

딜러(Dealer)　자신의 계산과 위험부담으로 증권이나 통화를 매매 하는 사람.

이거
태연하게
커피마시고
있어도
되는
거예요?
어서와요.
신지
왜그래?
이거요. 이것.
…아.
그렇군요.
동경에
출장한
이유가 바로
이것
때문이군요.
알고있어요?
합병기사
말이야?
Bankers Banking

외국환 공인은행 외국환 업무를 영위하기 위해 필요한 대장상이 발급한 면허증 또는 인가를 받은 은행. 도시은행, 장기신용은행, 신탁은행, 지방은행, 재일 외국은행 등이 포함된다.

때문에 이 뉴욕 지점의 패쇄는 있을 수가 없어.
그렇다면 다행이고…
다만 내 경우에는 변화가 있어.
옛! 그게 무슨 말이에요?
그것에 관해서 오늘밤에 편히 이야기를 나누고 싶은데. 오랫만에 우리 인도 요리라도 어때?
무슨 얘긴데요?

외화준비고　국가가 수입대금의 결산 등 대외지불액에 충당하는 공적준비 자산을 어느 정도 가지고 있는지를 금액으로 나타낸 것. 중요한 경제지표의 하나이며 일본에서는 매월 대장상이 발표한다.

나는 엘리트도 아닌데.
나는… 언젠가 이런 날이 올 거라고 각오하고 있었어요.
그때 내가 어떤 태도를 취해야 할지도 생각해놨어요.
……
내 인생에 있어서 제일 중요한 일은 자유롭게 사는 것.
가족도 회사도 그것을 방해할 수는 없어요.
비록 애인이라도?
네. 애인도 내게 있어서는 자유의 일부분일 뿐.
그럼 나와의 일도…
결론은, 서둘지 말자는 거지요.
내게 있어서 자유는 아무 것에도 구속 되지 않는 것,
예를 들어 주의나 방침 또는 상식 등에.

사라에게
있어 나는
속박당할
수 밖에
없는 존재
인가?

당신은
누구보다도
나를 자유롭
게 만들어
준 사람.
하지만…
그건
물론
아니
예요.

하
지
만
?

……
신지의
부인이 되어서
일본에서
사는 것은
불가능해요.

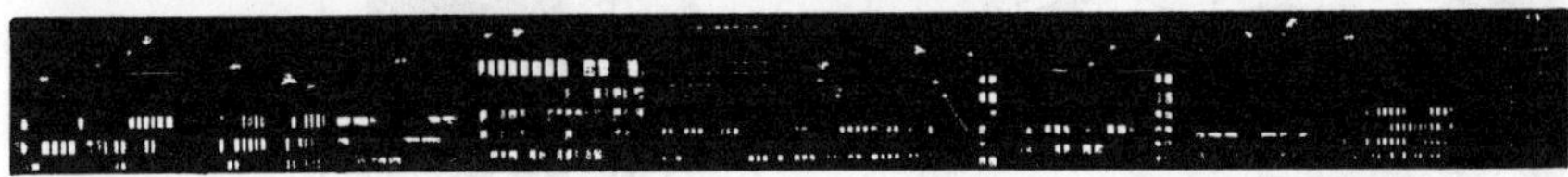

B1
B2 9
B3 8

그래.
내 방에
들렸다 가지
않을래.
오늘은
그만둘
께요.
저도
마음의 정리
가 필요
하니까.

그럼,
집에까지
바래다
줄까.
택시타고
가겠어요.
신지,
내가
사랑하고
있다는
것은
잊지
말아요.
알았어.
안녕

우저(郵貯)재평가론 우편저금 제도는 저축장려, 산업자금 확보 등을 위해 1875년에 시작되었다.

은행장
모두 모인 것
같습니다.
음.
여러분도
아시다시피
우리 은행과
마루노우찌
은행과의

흡수합병 규모의 차가 많이 나는 회사가 합병하는 경우에 대등한 조건이 아니라 큰 편에 흡수되는 형식으로 합병하는 경우가 많다. 이것을 흡수합병이라고 한다.

자,
드디어
시작이다.
이 반년 간에
모든 것이
결정된다.
은행의 장래도
우리들의 운명도
말이야.

……

구제합병　경영위기에 빠져 있는 회사를 구제하기 위해 능력이 있는 회사가 흡수하는 형식으로 합병하는 것. 동경공동은행이 경영파탄한 동경협화, 안전 의 두 신용조합의 경영을 인계한 것이 이에 해당한다.

은행의 합병

1996년 4월 1일 상위 도시은행인 미쯔비시(三菱)은행과 외국환 전문은행인 동경은행이 합병하여 도쿄미쯔비시(東京三菱)은행이 탄생했다. 자본금은 50조엔을 넘어 산와(三和)은행을 앞지르고 세계에서 제일 큰 규모가 되었다.

지금까지 은행의 합병이라면 서로의 점포망을 보완해서 영업력을 향상시키는 것을 목적으로 하는 것이었다. 최근에는 90년에 관서지방에 기반을 두는 타이요코오베(太陽神戸)은행과 동경을 중심으로 점포망을 가진 미쯔이(三井)은행이 합병해서 사쿠라(さくら)은행이 발족한 예가 있다.

그러나 이번의 합병은 국내 유수의 기업그룹을 거래선으로 확보하고 있으면서도 '국제부문의 강화'를 희망하던 미쯔비시은행과 국제업무에는 강해도 국내에서의 영업기반의 열악함을 극복하고 종합적인 금융기관으로서의 발전을 희망하던 동경은행과의, 단순한 양적 확대만이 아니라 질적인 보완을 목적으로 한 것이다.

금융자유화나 거품경제후의 불량채권 문제 등으로 일본의 금융기관은 재편성이 요구되고 있다. 이번 합병은 일본의 금융기관이 '도태의 시대'가 도래하였음을 상징하고 있어 다른 은행에 주는 영향도 크고, 앞으로 한층 더 금융재편을 촉진시킬 가능성도 있는 사례로 주목되고 있다.

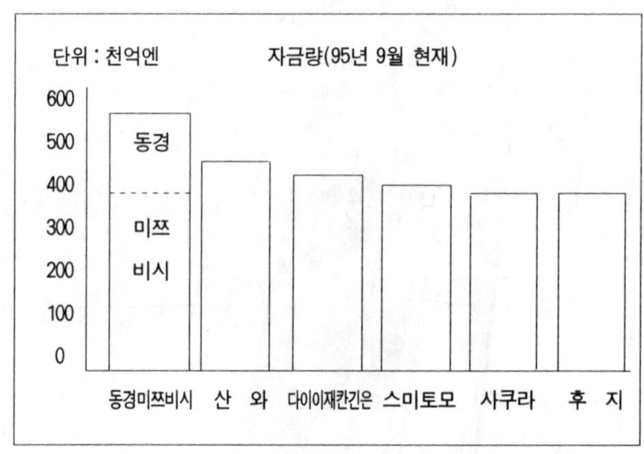

1970년 이후의 주된 은행합병

년 월	합병전 은행	합병후의 은행
1971. 10	다이이찌은행(제일은행), 니뽄칸교은행(일본권업은행)	다이이찌칸교은행(제일권업은행)
1973. 10	타이요은행(태양은행), 코오베은행	타이요코오베은행(태양코오베은행)
1976. 10	세이와은행, 히로사키상호은행	미치노쿠은행
1984. 4	서일본상호은행, 타카치상호은행	서일본은행
1990. 4	미쯔이은행, 타이요코오베은행	타이요코오베미쯔이은행(현, 사쿠라은행)
1991. 4	쿄와은행, 사이타미은행	쿄와사이타미은행(현, 아사히은행)
1992. 4	이요은행, 토호상호은행(동방상호은행)	이요은행(구제합병)
1992. 4	쿠마모토은행, 히고패밀리은행	쿠마모토패밀리은행
1993. 4	하고은행, 아키티아께보노은행	호쿠토은행
1994. 4	미쯔비시은행, 토쿄은행	도쿄미쯔비시은행

부실채권

부실채권 금융기관이나 상사 등의 융자가 변제되지 못하는 상태가 되어서 회수곤란한 채권을 말한다. 거품경제의 붕괴로 금융기관의 부실채권이 현재화되어 일본의 금융시스템 전체를 위협하는 존재가 되었다.

국제은행 본점
오래간만입니다.
아, 니이무라 씨.
오자키 씨
수고하십니다.
늦게까지 일이 많군요.

신용조합 중소기업자나 근로자 등을 위한 상호 부조적인 협동 조합조직의 금융기관. 업무내용은 원칙적으로 조합원을 상대로 한 예금 접수, 대출, 내국환 업무 등에 한정되어 있다.

제2 지방은행　1989년 2월 이후에 순차적으로 보통은행으로 전환한 구상호금융의 통칭. 전환 후에는, 융자대상이 중소기업에 한정되는 등의 제약이 없어지고, 취급업무가 확대되었다.

그렇군요.
이미 신용조합에는 경영파탄이 표면화 된 데도 있으니.
대장성의 추산으로는 소위 금융기관의 부실채권으로 불리는 것들의 총액은 약 40 조엔,
하지만 실제로는 그 몇 배나 되는 것으로 보입니다. 이것을 어떻게 처리할지가 금융업계뿐 아니라 일본경제의 커다란 문제입니다.
신용 불안이 발생하면 큰일인데…
신용조합만이 아닙니다.
내버려 두면 제 2지은에서도 벽에 부딪치는 은행이 줄줄 나올 것입니다.
대장성에서 유출됐다는 '위험한 은행명단' 이라는게 있는데, 만약 이것이 사실이라면 전국에서 예금을 찾으려는 손님이 몰려드는 일이 생길지도 모르겠어요.
그것은 정말로 대장성이 만든 명단입니까?
모르겠어요. 하지만 단순한 거짓 정보는 아닌 것 같습니다. 우리의 취재결과와 맞는 것도 많거든요.
하지만,
의도적으로 새나가게 했다는 말도 있어요.
엣!

부실채권 처리에 공공자금을 쓰는데 여론의 비난을 피해야 되겠기에.
사회불안을 피한다는 명목을 내세우고 싶은게 아닐까요?
그렇게 계획대로 되어 가나요?
쉽지 않겠지요.
공공자금을 도입하기에는 경영의 정보공개 등 업계가 싫어하는 것도 받아들이게끔 만들어야 하니까요.
정보 공개요?
그렇게 되면 댁들의 월급이나 복리후생비, 퇴직금까지 공표해야 할 걸요.
높은 월급 받고 호화스러운 본점빌딩을 세워 놓고, 왜 공공 자금을 써야하느냐는 비판은 피할 수가 없겠지요.
음
그런데 댁들은 어떤가요?
우리 은행은 선견지명이 없어서 거품경제 시대에 그 물결을 타지 못했어요.
그게 결과적으로는 좋게 작용해서 부동산에 빌려준 액수는 적을 겁니다.

새틀라이트 오피스(Satellite office) 환경이 좋은 교외에 설치한 분산형 오피스. 본사와의 사이를 디지털 통신망으로 연결하고 컴퓨터통신이나 CATV를 써서 본사에 있을 때와 똑같이 임무를 수행할 수 있다.

이야기를
너무 재미있게
만드는 것이
저널리스트의
나쁜 버릇이지요.
니이무라씨.

정보공개 투자자를 보호하는 입장에서 증권거래법 등으로 의무화되어 있는 기업내용공개를 말한다. 정보공개시에는 신속함, 공평함, 정확함을 동시에 만족시켜야 한다.

그런데
회수
불가능한
…
부실채권이
문제야?
더욱이 그것을
높은 사람끼리
검토하신데.
미묘한
요소가
얽혀있기
때문에…
미묘한 요소?
알다시피
마루노우찌의
부실채권은
대부분이
계열 주택전문
금융회사에
대한 것이지만,
그 액수는
약 2천억엔으로
예상되고 있어.
마루노우찌 계
주택 전문이라면
「마이홈드림금융」
이지.
응
마루노우찌의
실력으로는
2천억 정도
일에 그럭저럭
수습 못할
것도 없지.

공적자금 파탄한 금융기관의 처리를 위한 중앙 은행이나 지방자치단체의 융자를 말한다. 주전(住專)의 처리를 둘러싸고 국가의 일반회계에서 재정자금을 도입하게 되어 국민으로부터 비판의 소리가 높다.

은행이 꺼려하는
개인 주택 융자를
전문으로 하는
새로운 써비스로서
인기를 끌었던
시기도 있었지.
하지만
그 설립 모체는
주로 은행이었고,
은행이름으로는
하고 싶지않은
융자를 연줄이 있는
주전을 통해
한 셈이지.
그러고 있는
사이에 은행
자체가 개인
주택융자를
시작했지.
그래
애들이 하던 일을
부모가 빼앗은 것과
같아. 융자선을
잃은 주전은 건전한
개인 상대 융자에서
빌딩건설 용지, 골프장 등
위험성이 높은 융자
상대로 기울어지게 됐지.

농림계 금융기관 농림중앙금고나 각 都道府縣(일본의 광역 행정구역. 현재 東京都, 北海道, 京都府, 大阪府와 43縣이 있다), 신용연합, 공제연합 등 농협계 금융기관의 총칭.

농업관계 융자선이 메말라 장사가 안되던 농립계금융기관이 잘 됐다 싶어 주전에 자금을 공급하기 시작했고, 그 돈이 회수불가능하게 되었지.
그래서 그 처리를 둘러싸고 말썽이 난 것이지.
설립모체가 된 은행이 모든 손실을 부담해야 한다는게 모체행책임론 이야.
하지만 빌려준 자들에게는 전혀 책임이 없는가 하는 의문도 생기는데.
그렇군. 거기에서 나오는 것이 대주책임론이란 것인가?
맞아.
은행쪽은 대주책임론을 말하고, 농림계 쪽은 모체행책임을 주장해.

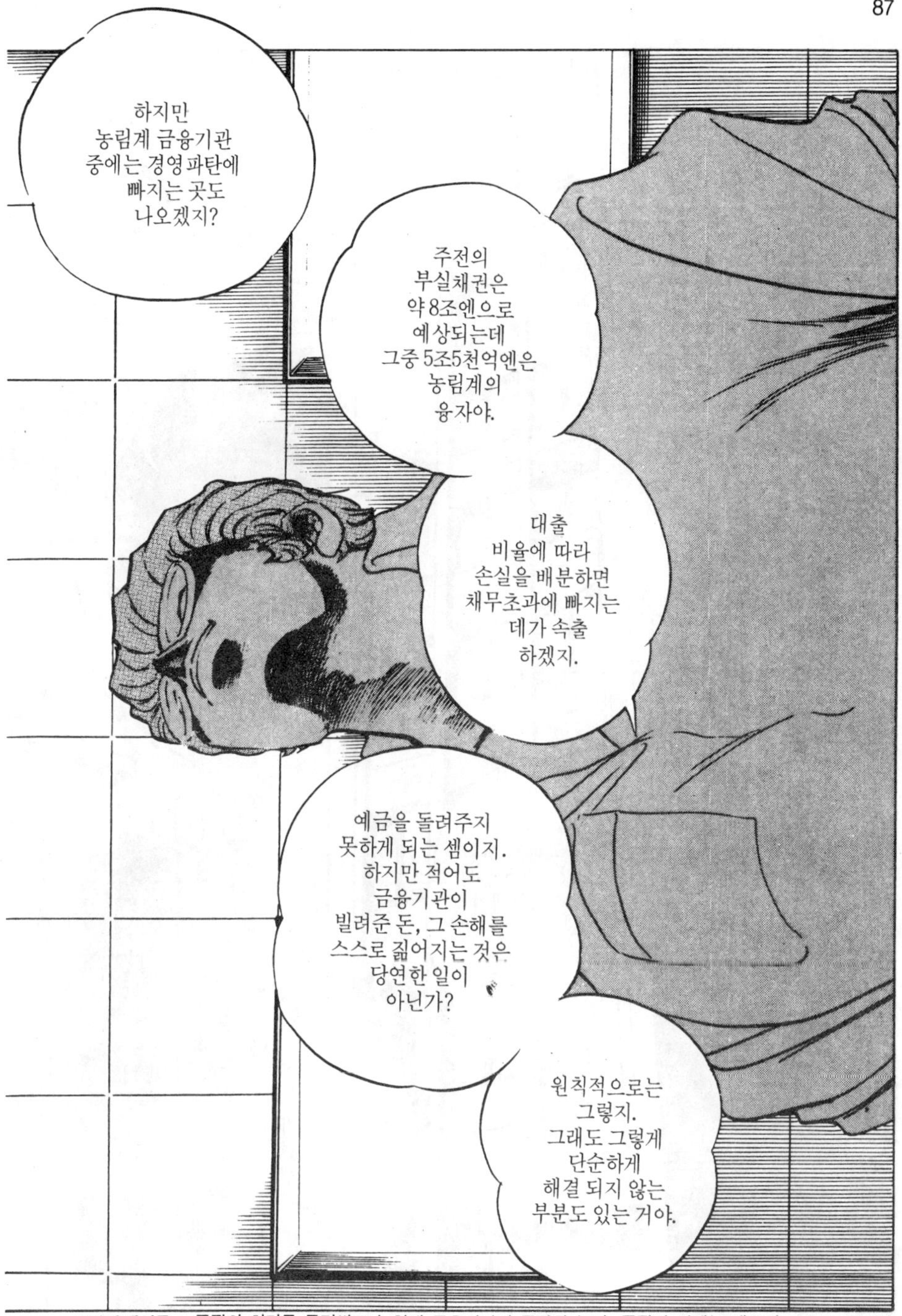

모체행 책임론 주전의 처리를 둘러싸고 농협계 금융기관이 주장한 논리. 주전의 뒤에는 대도시은행 등 확실한 모은행이 있기 때문에 농업계 금융기관들이 융자한 것이므로 모은행이 모든 책임을 져야한 다는 논리.

지아게(地下げ) 땅값이 올라가는 것을 예상하고 부동산업자들이 협박 등 수단 방법을 가리지 않고 땅을 사들이는 것.

대출주책임론 "모은행을 포함해서 관련된 금융기관의 행동 전체가 책임을 질 대상이 된다"는 것이 미국 등에서 쓰여지는 원래의 뜻, 주전문제에 관한 "모체은행은 관계가 없다"는 은행 쪽의 논리와는 뜻이 다르다.

자기은행
책임으로
새은행의 첫
결산에 오점을
남긴다면…
천하의
마루노우찌의
체면이
말이 아니지.
체면이라면
우리에게도
꽤 되는 액수의
부실채권이
있다던데.
부실채권?
우리
은행에
?
우리는
주전과는
아무런
관계도
없어.
국은에스테트
경유로
많은 액수의
돈이 땅에 투자
됐다는 소문이
있는데…
자네!
그것을
누구한테
들었어?
언뜻 들었
을 뿐이야.
오자키,
내가
충고
하는데
그 이야기는
하지 않는 게
좋아. 비록
우리 은행
안에서라도.

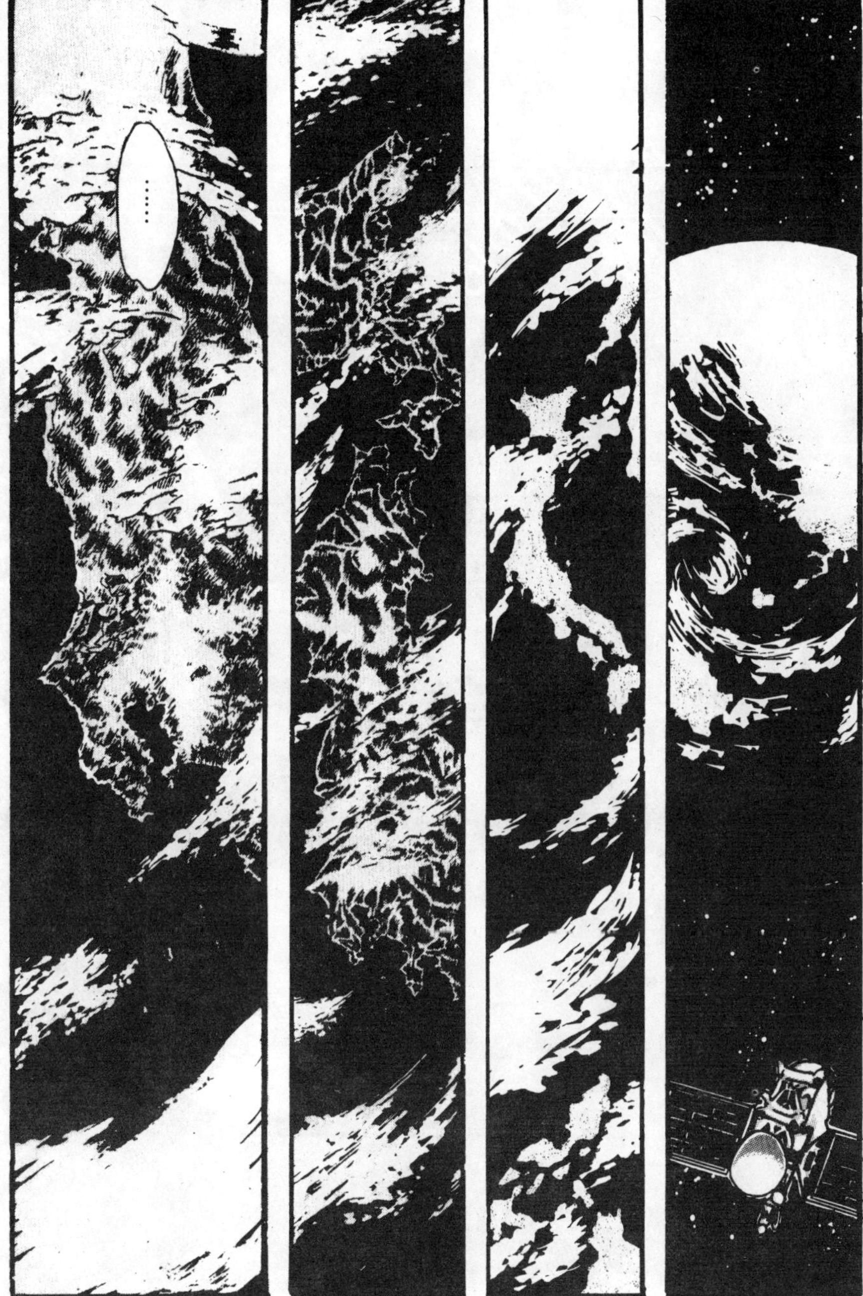

사라?
잘있었어?
따리링 따리링—
신지,
당신이군요!
목소리 듣고
싶었어요…

부동산 상대 융자규제 1980년대 후반에 과열되었던 금융기관의 부동산을 상대로 한 융자를 규제하고, 지가상승을 방지할 목적으로 대장성이 90년 4월에 실시한 융자규제.

요즘
일본 은행의
평가가
떨어진다
면서?
떨어진다는
정도가
아니예요.
폭락이라고
하는게
더 적당해요.
그렇
게도
!

저팬 프리미엄 일본 금융기관이 해외에서의 자금조달할 때 특별히 프리미엄 등을 붙여 부과하는 것. 거액의 불량채권을 안고 있는 일본의 금융기관에 대한 불신감의 상징.

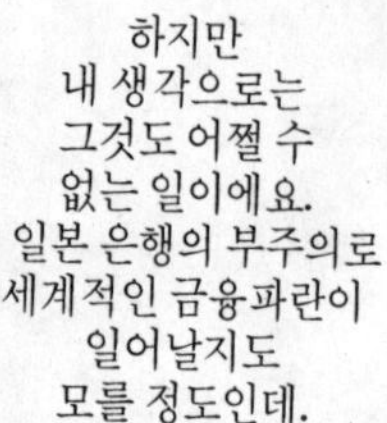
하지만 내 생각으로는 그것도 어쩔 수 없는 일이에요. 일본 은행의 부주의로 세계적인 금융파란이 일어날지도 모를 정도인데.
지독한 평가군.
일본의 금융당국도 문제예요.
여기서도 부실채권에 관심이 모여져 있어서 주우센(주전)이라는 말은 그대로 영어로 되어 있을 정도예요.
흠.

그리고 일본 은행들의 정보공개가 진척되어 있지 않은 것도 그 원인중의 하나예요. 끝까지 숨기고 있으면서 뒤에서 처리하려고만 하니까.
그렇군.
그것으로는 설득력이 없군.

FRB(Federal Reserve Board) 미국의 연방준비이사회. 연방준비제도의 운영기관이며 7명의 이사로 구성되어 있다. 금융정책의 결정, 연방은행 가입은행의 업무를 감독, 규제하는 최고기관.

만약 이것
이상의 마이너스
요소가 나오면
세계의
금융시장은
대혼란에
빠지게 돼요.
일본으로
말미암은
세계금융
불안이라…
그것 만큼은
피하고 싶군.
대장성이
FRB에게
한 설명같은
것을
나에게는 하지
않기를 바래요.
나는 신지를
믿고 있으니.
신지,
설마 국제은행은
나쁜 또다른
문제를 숨기고
있지는
않겠지요?
그, 그 것은…
응.
약속이에요.

신용기관 평가를 하는 중립기관. 미국에서 특히 발달하였으며, 무디즈사, 스탠더드&부아즈사등이 권위 있는 평가 기관으로서 알려지고 있다. 일본에도 일본공사채연구소 등이 있다.

우리가 만든 데이터를 자료로 새로운 체제가 결정되네.
못하면 합병도 안돼.
저쪽도 이런 작업을 하고 있겠지.
물론이지… 그런데 느낌이 이상해.
지금까지 경쟁상대로만 생각했던 상대와 같은 직장에서 일하다니.
마루 노우찌에서 우리의 상사가 오는 일도 있을 수 있나?
그거야 있겠지. 지점장이 마루노우찌 차장, 국제 과장이 마루노우찌 과장 이라는 식으로

신용평가(Rating)　채권의 원본, 이자지불의 안전성 등을 일반 투자가가 알 수 있는 간단한 기호로 표시하는 일. 미국에서는 발행 조건이나 매매 상황을 좌우할 정도로 중요시되고 있다.

어이, 수고많네. 작업은 잘 되어가나 ?
이것, 참! 상무님께서 몸소 시찰 오시다니.
시찰은 아닐세. 지금 어떻게 되어가는지 상황을 알고 싶어서.
상무님 이것 참 대단한 작업입니다.
하지만 지상 명령이니 철야를 해서라도 해내겠습니다.
고생이 많지만 애써주게! 오자키, 일단락되면 내방으로 와주게.
알겠습니다.
내가 엘리트라니…
非常口

금융제도조사회 일본의 금융제도 방향을 심의하는 것을 목적으로 1956년에 설립된 대장성의 자문기관. 학식경험자를 비롯해 금융계, 산업계의 대표로 구성되어 있다.

오자키씨
도오야마
상무님의
전언입니다.
?
여덟시에
여기에
나오시
랍니다.
죠루주
상쿠.
상무님의
단골
술집이에요.

요리쯔키(寄り付き) 증권거래소에서 매매가 시작할 때를 말한다. 오전 거래, 오후 거래에 각각 요리쯔키가 있지만, 그냥 요리쯔키라고 할 때에는 오전 거래의 시작을 뜻한다.

죠루주상쿠
죠루주 상쿠
끼ㄱ—!
어서
오세요.

재할인율 중앙은행이 그 거래처에 대해서 대출을 할 때에 적용하는 금리. 통화량을 조절하고 경기를 안정시키기 위한 큰 무기였는데 최근에 그 효과는 약해지고 있다.

저에게는 너무 고급이라서…
괜찮아요. 상무님의 외상장부에 기록해 놓으면 돼요.
네.
나미야, 안내해 드려.
어머머 죄송합니다. 입구에서 이야기해서.
버드와이저 괜찮겠어요?
가능하면 미국산으로.
맥주
무엇으로 하시겠어요.

금융정책　금융이 원활하게 이루어지게 하는 동시에 통화의 안정을 도모하는 정책. 주된 것으로는 재할인율조작, 공개시장조작, 지불준비금제도 등이 있다.

어이, 자네도 대단하네.
그런게 아닙니다.
좋지. 자네는 총각인데 누구든 꺼릴 것 있겠나.
어머! 총각이세요. 점점 마음에 들어요.
하하
그쪽 얘기는 나중에 천천히 하기로 하고.
나미양, 미안하지만 잠깐 자리를 비워주게.
어머, 비밀 얘기예요?
그럼,
우리들의 비밀얘기는 나중에 해요.
합병의 조건이 대강 정리됐어. 중역의 인사나 지점들의 통폐합, 해외업무의 배분 등 큰 방침이 나왔고.
은행장은 말씀하신 대로?
응, 우리쪽의 가키모토 은행장이 초대 국제마루노우찌의 은행장이 되고, 마루노우찌 은행장인 요시노는 회장이 되지.

호송선단방식(護送船團方式) 경영기반이 가장 약한 금융기관도 경영이 성립되도록 일본이 지금까지 운영해온 금융 정책을 가리킨다. 금융 효율화의 움직임 가운데서 재검토가 요구되고 있다.

오가사와라 씨는 국제금융 방면의 전문가지. 그 경험을 살린다는 취지라네.
도시은행의 은행장과 비교하면 좀 떨어진 감은 들지만, 그래도 퇴직 후의 편안한 자리 하나 확보했는데 승락해 주어야지.
우리쪽에서 누가 따라 갑니까?
이사장만 있을 수는 없지. 한 팀을 같이 보내야 할 걸세.
대장성은 그것에 동의 했습니까?
마루노우찌에 꽤 강하게 항의한 것같은데 마루노우찌 쪽의 입장을 바꾸지는 못했어.
신용조합의 파탄에 얽혀서 대장성내의 스캔들이 보도된 시기 이기도 하고.
관철 시키지는 못 했군요.
그때에 나온 이야긴데.
우리가 관련된 큰 액수의 부실채권이 있지 않은가하고 대장성은 걱정 하고 있었어.
저도 그런 소문을 들었습니다.
잘은 모르지만 국은 에스테트가 유통계 개발회사와 손을 잡고 토지개발에 나섰다는.
그래, 자네의 귀에까지 들어 갔는가.
그 레조네 개발이 도산 직전에 있다네.

국제통화 국제간의 결제나 금융거래의 기축이 되는 특정국의 통화. 원래는 미국의 달러와 영국의 파운드를 가리켰다. 영국 경제의 쇠퇴후에는 달러에 이어서 독일의 마르크와 일본의 엔이 그 지위를 높이고 있다.

만약, 그렇게 되면
국은 에스테트의 거액의 부실채권이
일거에 표면화되네.
뿐만 아니라 국은 에스테트의 주주이며 융자원인
우리 쪽도 크게 상처를 입게 되어 있어.
그래서 자네에게 부탁인데
국은 에스테트와 레조네 개발의 실태를 조사해 주게.

제가요!

응, 하지만 이것은 아주 미묘한 문제니까.
어디까지나 자네 혼자서 비밀리에 추진해 주게.

BIS(Bonk for International Settlements)규제 BIS(국제 결제은행)가 정한 국제업무를 영위하는 민간 은행의 자기자본 비율에 대한 통일적 규제. 각국간의 경쟁 조건을 동일 하게 만드는 것이 목적이다.

IMF(International Monetary Fund) 국제통화기금. 가입국의 출자로 공동의 통화기금을 만들고 자금 조달의 원활화를 돕고 있다. 1946년부터 업무를 시작.

INFORMATION

그것이…
잘 모르겠습니다.
아마 이바라기현
쪽인줄 알고
있는데요.
장소는
어디
지요?
예.
광통신망이나
위성통신설비를
갖춘
인텔리전트단지
라고 들었습
니다만.
INFORMATION

따가닥

그런 것은
리스트에
없는데…
담당자
에게
물어
보겠
습니다.

아뇨,
그럴
것
까지
는…

전자화폐 현재의 통화가 가지고 있는 정보를 모두 디지털화 한 것. 실제통화를 쓰지 않아도 카드나 휴대단말기 등에서 데이터를 보내는 것만으로 하면 결제, 환금, 융자 등 다양한 금융업무가 가능하다.

미정입니다.
저 괜찮으시다면
명함을 주시겠어요?
앞으로 계획이 실현되면
안내서를 보내
드리겠습니다.
아니,
그러실
필요
없어요.
그리고
명함도
지금
갖고 있지
않아서
그럼…
안녕히
계세요.
여보
세요.
?

위성통신 지구궤도상에 쏘아 올린 인공위성을 중계로한 무선통신. 광범위한 지역에 고속으로 정보를 전달할 수가 있다. 일본에서는 기업연수나 CATV에 대한 프로그램의 송신이 주된 용도.

그래요. 힘드시겠어요.
좀 조사할 것들이 있어서요.
오자키씨 저 건물에서 나오셨는데 업무관계예요?
영업할 때와 같을 수 있나요? 이것이 저의 평소 모습이에요.

전자 상거래 인터넷 등의 컴퓨터네트워크를 통해 상품의 수주, 발주, 매매, 결제까지를 하는 것.

은행이 합병돼서 그 준비에 바쁘시지 요?
예, 내년 4월까지, 모든걸 마쳐야 하니까.
하지만, 국은과 마루은이 하나가 되면 일본에서 제일 큰 은행이 되는거죠? 돈을 맡겨도 걱정할 필요 없네요.
서쪽지방 에서는 돈을 찾느라 난리가 난 곳도 있으니 모두들 불안해 하고 있는 것 같군요.

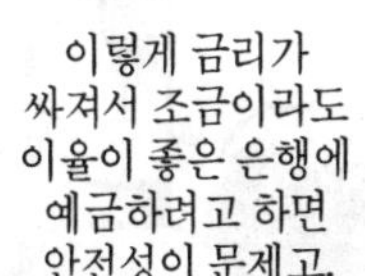

장기신용은행 채권발행으로 조달한 자금을 장기 산업자금으로서 공급하는 것을 주요 업무로 하는 은행을 말한다. 현재 일본흥업은행, 일본장기신용은행, 일본채권신용은행 3개의 은행이 있다.

예금보험이라는
게 있어서 일단은
그쪽에서 지불해
주게 되지요.
그래요.
그러면
안심되는
군요.
1천만엔
이요?
저는
상관
없네요.
하지만 아무리
많은 금액의
예금이 있어도
현행보험으로는
1천만엔까지 밖에
지불 안해줘요.

한 두군데 은행이면 보험으로 충분히 해결이 되지만, 여기저기서 은행 파탄이 빈발하는 사태가 벌어지면…
역시 걱정이 군요.
응.
이제는 일본의 은행이 온 세계의 걱정 거리가 되어 있어요.
어떻게 해서든 신용을 되찾아야 해요.
어머 죄송해요. 대단한 예금도 아니면서 큰 소리쳐서.
아니예요. 예금자의 의견은 기꺼이 듣겠습니다.
그런데 오자키씨

도오야마
상무님도
오자키씨가
오시면
잘
부탁한다고
하시던데…
거기는
너무 고급이라
내 월급
가지고는
도저히…
가게에도
꼭 한번
와주세요.
그래
요…

신탁은행 재산의 소유자가 믿을 수 있는 타인에게 그 관리, 처분을 의뢰하는 것을 신탁이라고 하며, 신탁에 의해 모은 자금을 장기대여하여 거기서 발생한 이익을 재산의 위탁자에게 분배하는 것이 주된 업무.

예금보험　금융기관의 경영파탄시 예금자를 보호하고 예금의 안전성에 대한 신뢰를 확보하기 위해 예금에 걸어 놓는 보험. 금융기관이 보험기관(일본의 경우 예금보험기구)에 보험료를 지불한다.

정부계금융기관 정부가 출자한 금융기관. 정부의 정책에 따른 투융자를 한다. 일본개발은행, 일본수출입은행의 2은행과 국민금융공고, 중소기업금융공고 등 9개 공고(公庫)가 있다.

실례
합니
다.
예예
무엇
입니까?
좋은 물건은
많아요.
좀
여쭙겠
는데요
…
저기있는
레조네 개발의
땅에 대해서…
……
아
거품들
이요.
거품들
이라니요?
거품경제
전성기에
생긴
들판이니
까요.
또 다른
이름으로
쯔쿠바미네의
지상화라고도
해요.

소비자금융 상업은행이나 소비자금융 회사가 소비자를 상대로 직접 대출하거나 상품의 구입대금을 일정한 기간 대신 지불하는 것.

열풍이
분 것처럼
건축러시를
이뤘지요.

새 건물을
세운다면서

임대료는
올라가고,
비싸게
빌려줄 수
있었으니

예,
그랬었
지요.

논뱅크 소비자 금융이나 카드회사 등 법률로 정해진 금융기관 외에 대출업무를 하는 금융회사의 총칭. 은행이 예금을 받아들이는 데에 반해서 논뱅크는 예금을 받지 않는 점이 가장 큰 차이점이다.

거품경제
때에는
이상한 일들이
얼마든지 있지요.
너구리 밖에
살지도 않는
산림을 사고 다니는
사람도 있었고,
햇빛이 안닿는
골짜기를 매립해서
주택지를 만들려고
하는 사람도
있었고…
이 근처의
땅도 믿을 수
없을 만큼
치솟았었죠.
지금은
어림도
없지만.
하지만
그렇게도
모자란다고
아우성이었는데
어째서 오피스들이
갑자기
남게 되었지요?
동경의
인구가 준
것도 아닌데.
동경에서는
일시에 오피스가
남게 됐고.
임대료는
폭락이니.
일부러
이런 시골까지
오지 않더라도 싼
것이 얼마든지
있는데.

새틀라이트 시티(Satellite City) 새틀라이트 오피스에 불가결한 통신회선이나 정보시스템을 갖춘 작은 사무실들의 단지. 일본에는 사이타마켄시키시(埼玉縣 志木市)에 "시키 새틀라이트 오피스"가 있다.

그 사람들이 뭐라 그랬어요?
몰라.
벌컥 벌컥
검은 고급승용차 타고 와서 금방 돌아가 버렸으니까.
그래요…
저 땅이 이제 어떻게 되는 겁니까?
아니 별로…
저 땅에 대해서 물어보러 온 사람은 이번주에 당신이 두번째여서 그래요.
두번째!
무슨 일이 있으면 나한테도 가르쳐줘요. 돈벌리는 일이 있을지도 모르니까요.

5년선의
신문을
보시고
싶다고요?

그러면
마이크로필름이나
CD-ROM으로
보셔야 되는데요.
저어,
지방 면을
보고
싶은데요.
아,
그건
불가능
해요.
불가능
하다고요
?
어떤 신문이든
축쇄판은
동경에서
발행되는
최종판으로
만드니까요.
그럼
지방지는
어떻
습니까?
이바라
기현의
지방지는
조오반신보
인데
그것은
마이크로
필름은 물론
축쇄판도
발행안하고
있습니다.
이거
곤란한데.
무슨 방법이
없을까요
?
조오반신보
본사라면, 지난 신문을
제본한 것이
있을 겁니다.
거기에다 한번
물어보시죠?

CD－ROM 콤팩트 디스크를 컴퓨터의 외부 기억매체로 이용하는 것. 음성, 문서, 화상 등을 기억할 수가 있고 1장의 용량은 540MB(매가 바이트)에서 600MB 정도이다.

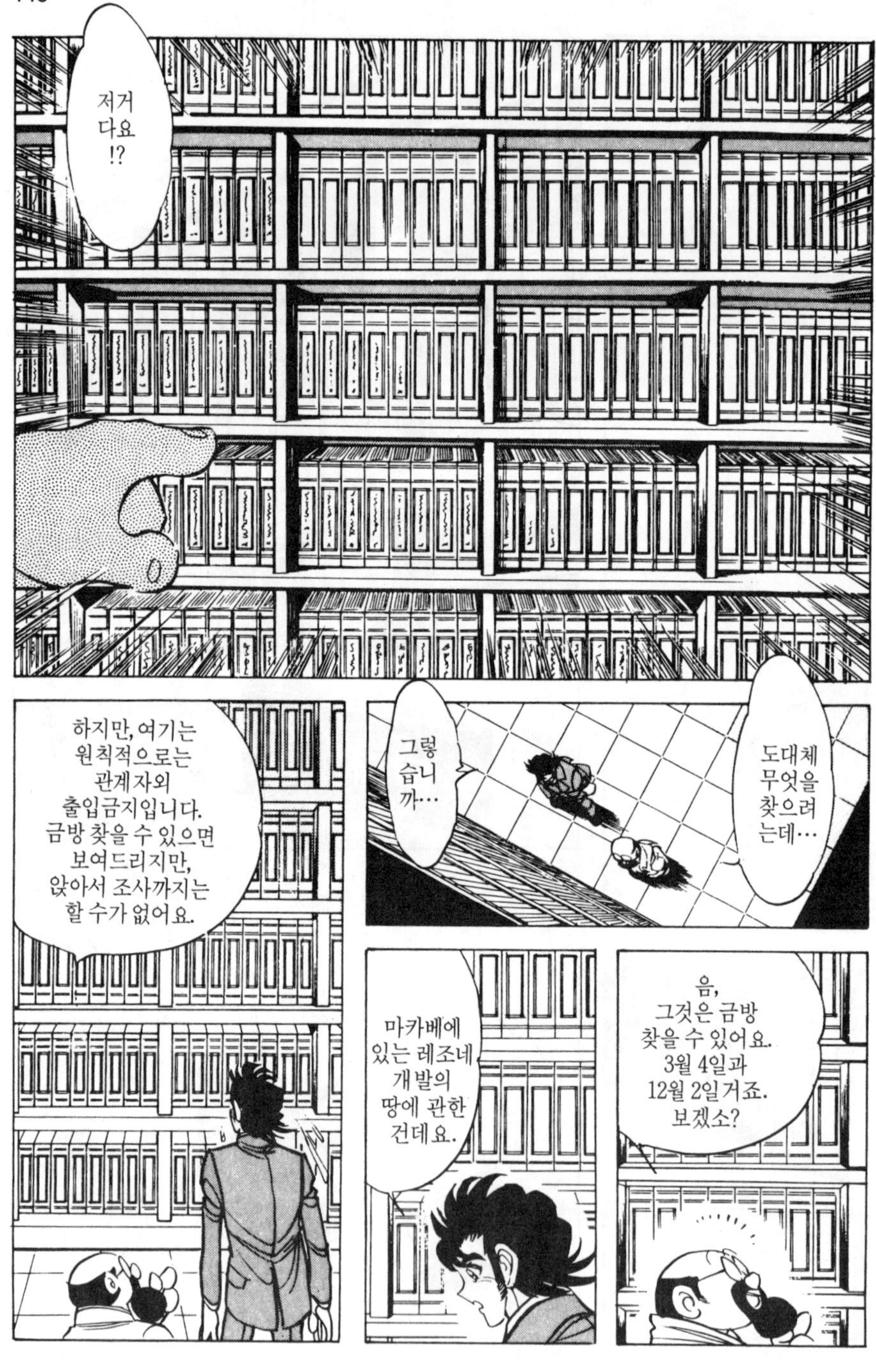
저거 다요 !?
하지만, 여기는 원칙적으로는 관계자외 출입금지입니다. 금방 찾을 수 있으면 보여드리지만, 앉아서 조사까지는 할 수가 없어요.
도대체 무엇을 찾으려는데…
그렇습니까…
음, 그것은 금방 찾을 수 있어요. 3월 4일과 12월 2일거죠. 보겠소?
마카베에 있는 레조네 개발의 땅에 관한 건데요.

증권회사 유가증권을 매매를 하거나(자기 매매업무), 투자자의 주문을 받아 대신 매매하거나(위탁매매업무), 신규발행된 유가증권을 인수하는(인수업무) 등 증권에 관한 전반적인 업무를 한다.

시대에 앞선
획기적
위성오피스단지
구상이라고
과연
경박한
보도군.
하지만
자금에 관한
상세한
내용은 없군.

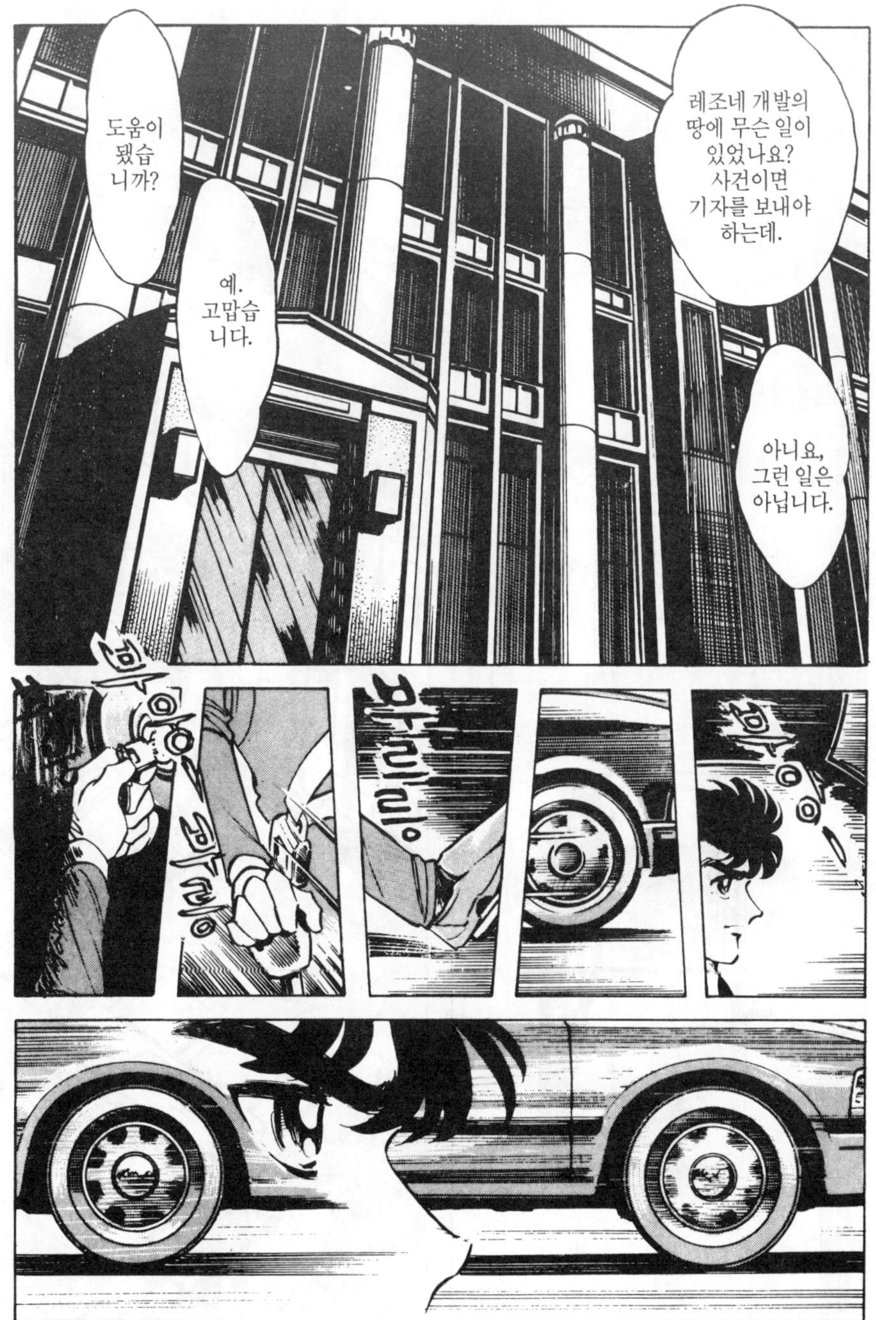

금융의 증권화 돈의 흐름이 금융중개 기관을 통한 간접 금융에서 증권을 기본으로 하는 직접 금융으로 이행되어가는 것.

등기가
되어 있지
않다니!

흠, 자네 이외에도 조사하고 다니는 자가 있다고? 누굴까.
다른 채권자 일까요?
레조네 개발은 도산직전에 있어. 어떤 사람이 움직여도 이상하지는 않지만 그러나…
?
합병에 임할때 이런 문제들은 어떻게 취급되지요?
부실채권 말인가? 양쪽 다 숨김없이 밝히게 되어있어.
그럼 …?
하지만, 그것은 원칙론 이지.

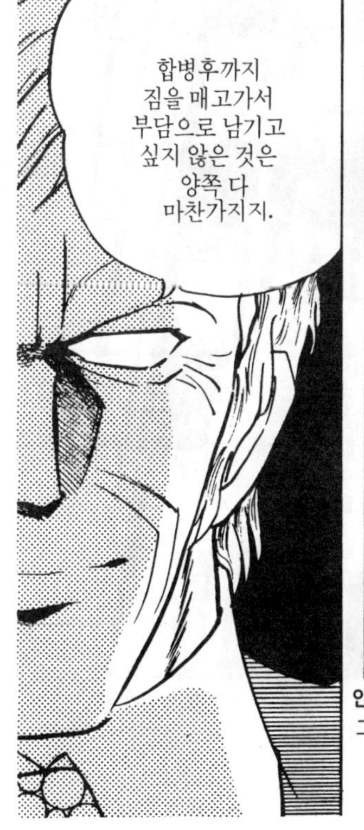

인플레 인플레이션. 일반적으로 물가수준이 지속적으로 상승하는 것을 말한다. 그 발생 원인에 의해, 디 맨드, 풀형, 코스트, 푸쉬형 등 몇개의 유형으로 구별된다.

상각 감가상각. 기업이 사용하는 기물이나 설비 등 고정자산은 해마다 소모되므로 이 감가를 경비로서 계상하는 것. 실제로는 상품이나 서비스의 원가 안에 포함시켜 회수하여 적립한다.

디플레 디플레이션 통화량이 물자의 유통양보다 적은 상태를 말한다. 물가 하락을 초래하고 기업의 수익이 줄기 때문에 불황이 된다.

끼익
콱
끽!
쏴
쏴아!
쾅!

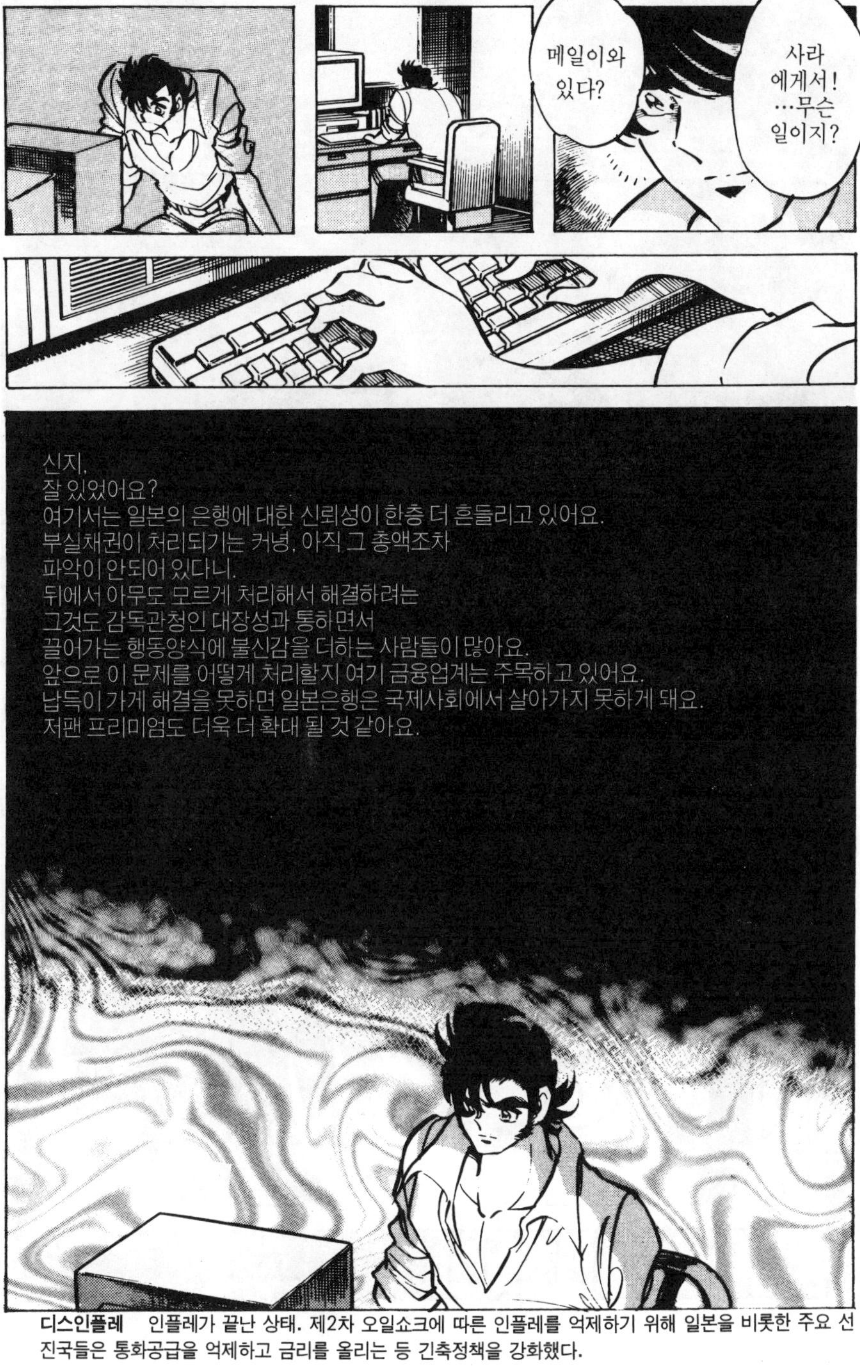

신지.
잘 있었어요?
여기서는 일본의 은행에 대한 신뢰성이 한층 더 흔들리고 있어요.
부실채권이 처리되기는 커녕, 아직 그 총액조차
파악이 안되어 있다니.
뒤에서 아무도 모르게 처리해서 해결하려는
그것도 감독관청인 대장성과 통하면서
끌어가는 행동양식에 불신감을 더하는 사람들이 많아요.
앞으로 이 문제를 어떻게 처리할지 여기 금융업계는 주목하고 있어요.
납득이 가게 해결을 못하면 일본은행은 국제사회에서 살아가지 못하게 돼요.
저팬 프리미엄도 더욱 더 확대 될 것 같아요.

디스인플레 인플레가 끝난 상태. 제2차 오일쇼크에 따른 인플레를 억제하기 위해 일본을 비롯한 주요 선진국들은 통화공급을 억제하고 금리를 올리는 등 긴축정책을 강화했다.

그런데 신지.
국제은행에도 거액의 부실채권이 있다는데 정말이에요?
만약 애매하게 끝내려 한다면 F R B나 의회가 가만히 있지 않을 거예요.
어쨌든 여기는
초초함이 한계에 다다른 느낌이에요.
신지는 그런 불공평한 일에 관련 되어 있지는 않지요?
나를 슬프게 만들지 않기를 바랍니다.
사랑하는 신지에게.
사라
……

머니 서플라이 금융기관 이외의 민간부문이 보유한 현금, 예금 등의 잔고. 보통 M1에서 M3로 분류된다. 일본은행은 매월 이러한 지표를 발표하고 있다.

어이
어이
너 나 할 것 없이 늦게까지 모두 애쓰고 있군.
과연 정식 합병까지 작업이 끝날지…
끝이라면 중역들의 살아남기 경쟁도 좀처럼 끝날것 같지 않네.
우리한테는 구름위의 이야기지.
그렇게 말할 수도 없지.
누가 남는가에 우리들의 운명도 좌우되는 걸.
그럴까?
어쨌든 나는 다만 자신의 일에 최선을 다할 뿐이야.
여전히 서생론이군. 그러고 있으면 동기들 사이에서 처지고 말걸.
설마 그렇게 까지

프라임 레이트 일류기업을 상대로 하는 최우대 대출금리를 말한다. 프라임 레이트의 움직임은 기업의 자금운용이나 금융기업의 장기적인 전망을 바탕으로 결정되는 것으로, 경제 실태를 반영한다.

바쁘신데
죄송합니다.
니이무라씨,
제게 알려주고
싶은 정보가
뭐예요.
그렇게
서두르지말고
한잔 마시고
나서 이야기
합시다.
흠,
심복인줄
알고 있었는데
도오야마씨도
의외로
냉정하군요.
정말로
모르세요?
도오야마 상무는
아무말도?
무슨
이야긴지
저에게는…
그것을
물어보려고
전화했는데…
어떻게
되었습니까?

결산 기업이 일정한 기간의 경영성적이나 재정상태를 매듭짓는 일련의 작업을 말한다. 일본에서는 매년 3월에 한번 결산하는 회사가 많고 결산 동향이 경기의 판단재료로 이용되고 있다.

그곳은
레조네
그룹의
본거지가
아닙니까?
하지만
백화점은
어떻게
합니까?
그 돈으로
빚을
상쇄한다는
겁니다.

그렇군요.
하지만, 레조네
그룹은 임대료를
낼 수가 있나요?
소비불황으로
백화점은
극심한 부진에
빠져 있는데.
그것으로
예전대로
영업을
하겠지요.
국은
에스테트는
사들인 본점을
레조네에게
빌려주고,

그러면
하나도
해결되는 게
없는데!
이래서
부실채권은
수면하로
숨어버리는
거지요.
하지만 모은행에
변명할 수 있으면 돼죠.
그렇게 되면 은행은
국은 에스테트에 대한
융자는 부실채권이
아니라고
우길 수 있으니.
국은 에스테트도
그것이 수지맞는
장사라고 생각하지는
않겠지요. 아마 공짜나
마찬가지일 테니까.
……
앞으로
레조네 그룹이
쓰러지지 않게
계속 수혈을
해 줘야 하는.
뿐만 아니라
은행은 새로운
문제를 안게
되지 않을까요?

배당 주식 발행을 자금조달의 원천으로 하고 있는 주식회사가 어떤 일정기간의 활동 성과를 결산서에 정리하고 이익이 있으면 일부를 주식 보유자인 주주에 분배하는 것.

오자키씨,
상무님의 전언인데
오늘밤
죠루주 상쿠에서
만나고 싶으시다고.
응,
알았
어요.
그런데
기분은
어때요?
제
기분?
아니면
상무님의?
그건…
물론
양쪽
다지요.
염려하지
마세요.
상무님은
기분이
좋으세요.
아마
상무회의를
생각대로 잘
이끌어가신게
아닐까요.
串道楽
ゆう
George V
ジョルジュサンク
イマ
흠.

함손익(含み損益) 유가증권, 토지 등의 대차대조표상 가격과 시가와의 차액을 뜻하는 일본어. 즉 시가로 매각 또는 재평가한 경우에 발생하는 이익이나 손실을 말한다.

국은에스테
트의 융자문
제는오늘 상
무회에서
처리 됐어.
자네 힘도
빌렸지만,
겨우겨우
표면화되지
않은채
끝났 지

하지만
분규가
일어났
겠지요.
그렇
습니까.

그렇
습니까.
문제가
크면 클수록
조용히 진행되지.
간판이란
그런 것이야.
아니,
지극히
담담
하였다네.
상무
회의에서
?

장군을 불리우고
나서 그때서야
자신이 진 것을
아는 멍청한 놈에게는
중역이 될 자격이
없는 거지.
후아
그것과
마찬
가지야.
프로
기사는
몇 수 앞까지
읽는다고
하지.

…!

보드(Board) 중역회의(또는 이사회의). 사장, 부사장, 전무, 상무 등으로 구성되어서 고문이나 비상임이사는 포함하지 않는 것이 원칙이다.

부실채권

융자나 매각대금 등의 채권이 회수불가능하게 된 상태. 거품경제 붕괴이후 결과적으로 금융기관이 거액의 부실채권을 안게 되어서 경제적으로도 사회적으로도 큰 불안요인이 되어 있다.

1980년대 후반에서 90년대에 걸친 거품경제기에는 '땅값은 계속 뛸 것'이라는 전제하에 신용력이 없는 기업에도 부동산만 있으면 쉽게 융자를 했었다. 그러나 90년 이후 땅값은 하락하기 시작했고, 지금은 거품경제기 이전의 수준까지 내린 곳도 있다. 전매가격이 구입시의 십분의 일 이하로 줄어든 데도 드물지 않다. 융자의 반제를 받지 못하게 된 금융기관은 담보로 잡은 토지를 팔아도 채권의 회수를 할 수가 없게 되었다.

전에는 이런 부실채권을 가진 은행·논뱅크는 체력이 있는 모은행 등의 구제에 의해 살아남을 수가 있었다. 그러나 이번의 거품경제 붕괴에 의한 부실채권은 예전에 없을 정도로 큰 규모이며, 모은행 자신도 거액의 부실채권으로 골머리를 앓고 있는 상태라 현재와 같은 구제는 불가능하게 되었다. '은행부도신화(銀行不倒神話)'가 무너진 것이다.

이같은 현상은 1994년 12월에 이·아이·이·그룹에 대한 과잉융자로 경영파탄을 일으킨 도쿄쿄와(東京協和), 안전(安全)의 두 신용조합의 처리문제였다. 두 신용조합의 도산으로 인한 금융불안을 피하기 위해 일본은행, 대장성을 새은행인 토쿄쿄도(東京共同)은행의 설립을 결정하여 중앙은행과 민간 금융기관의 출자에 의한 구제라고 하는 형태를 취할 수밖에 없었다.

그러나 그후 관서지방에서도 잇따라서 경영파탄을 일으킨 금융기관이 나왔다. 기즈(木津)신용조합, 효오고(兵庫)은행, 니시키 파이넌스, 오오사카신용조합 등이다. 또 다이와(大和)은행이 뉴욕에서 금융스캔들을 일으키는 등 일본의 금융기관의 신용은 크게 떨어지고 말았다.

은행만이 아니라 주택금융전문회사(주전, 주우센)생명보험에서도 부실채권 문제는 심각하며 일본의 금융계는 만신창이의 상태에 있다. 파탄 처리문제의 해결, 건전한 금융시스템 구축을 향해 한시라도 빠른 대책이 요구되고 있다.

주요 21개 은행의 부실채권액(95년 9월 중간기말) (단위:억엔)

은행명	부실채권액	주식에포함된이익	은행명	부실채권액	주식에포함된이익
후지	23,445	6,478	일본흥업	13,481	15,084
사쿠라	20,707	11,414	일본장기신용	13,133	5,581
스미토모	14,389	7,225	일본채권신용	13,085	2,162
다이이재칸긴은	13,965	9,375			
산와	13,543	10,493	야스다신탁	14,855	1,826
토카이	11,812	6,340	미쯔비시신탁	13,480	5,246
홋카이도 타쿠쇼쿠	9,734	822	스미토모신탁	12,264	4,358
다이와	8,321	3,040	미쯔이신탁	12,007	5,076
아사히	8,153	7,176	동양신탁	5,551	2,088
미쯔비시	6,276	10,811	중앙신탁	3,519	471
도쿄	5,466	4,147	일본신탁	1,319	226

(주) 부실책권액은 파탄기업에 대한 채권, 연체채권, 금리감면 채권의 합계

금융 스캔들

홍콩 ―

계덕공항

TAXI
的士
끽
TAXI

홍콩에
좋지 않은 일이
있는 걸
알고 있지?
디리
버티브로
크게
적자를 낸
사건말인
가요?
그래.
엔으로
5백억엔의
손해를 봤어.
그 뒷처리를
해야돼.
후우
딜러가
잠시
홍콩경찰서에
구속되어
있었지요.
이렇게
마음이
무거운
여행은
처음이군.

퍼포먼스(Performance) 운용성적. 운용방침을 결정하고 보다 효율적인 운용을 하기 위해서는 자산운영에 있어서 운영성적이 어떠하였는가를 객관적인 기준으로 평가할 필요성이 있다.

하지만 지점에는
포지션 규제가 있으니
한 사람의 딜러가
그런 거액의 손실을
낼수는 없을 텐데요.
그런 걸로
되어는 있지.
그럼?
지점측과
호의 말이 달라.
그래서 골치
아픈게야.
무슨
말씀인지
?
호는
지점장도 아는
거래라고 하고
있어.
물론
지점장은
부인하고
있지만.
하지만
왜 갑자기
홍콩 경찰들이
신병을 인수하게
되었지요?
당황한
지점의 젊은
사원이 호가
횡령했다고
생각해서 도망 못
가게 조처했다는
거야.
본인은
재치있게
행동했다고
생각했나 본데.
밖으로 새나가게 되어
사건만 확대시킨 거야.
쓸데 없는 짓을
한 셈이지.
그런
사실은
없습
니까?

포지션규제 액수규제. 외국환은행은 고객의 수요에 따라 외화를 매매하고 있지만, 건전한 경영을 위해 은행이 자유재량으로 매매할 수 있는 일정한 액수를 정하는 것.

하지만 그것은 철저히 조사하면 알게 되겠지요.
그것을 하고 싶지 않다는 걸세.
엣!
국은 내부에서 지점까지 관계된 의혹이 조사되고 있다는 소문만으로 데미지를 받게 돼.
국제금융계가 지금 일본은행을 불신의 눈으로 보고있는 것은 잘 알고 있지.
하지만 진실이 밝혀지지 않으면 취해야 할 조처도 정하지 못하는게 아닙니까?
호가 디리버티브의 손해액을 되찾으려고 허위전표를 작성해 관리자를 속여 손해가 누적되게 만들었다는.
우리 쪽에서 인정할 수 있는 진실은 오직 하나 뿐일세.

하지만 그것은 ……
생각해 봐. 홍콩에서 불상사가 있으면 사건은 현지만으로 끝나지 않아.
미국은 물론 영국 스위스 등 국제시장의 모든 곳에서 내쫓기고 말지.
국제 금융으로 살아온 우리 은행에게 그것은 무엇을 뜻하겠는가? 게다가 지금은 그 국제성을 지참금으로 마루노우찌와의 결혼 준비가 겨우 다 됐는데…
……
빨리 손을 써야 하네.
자네는 홍콩까지 가주게.

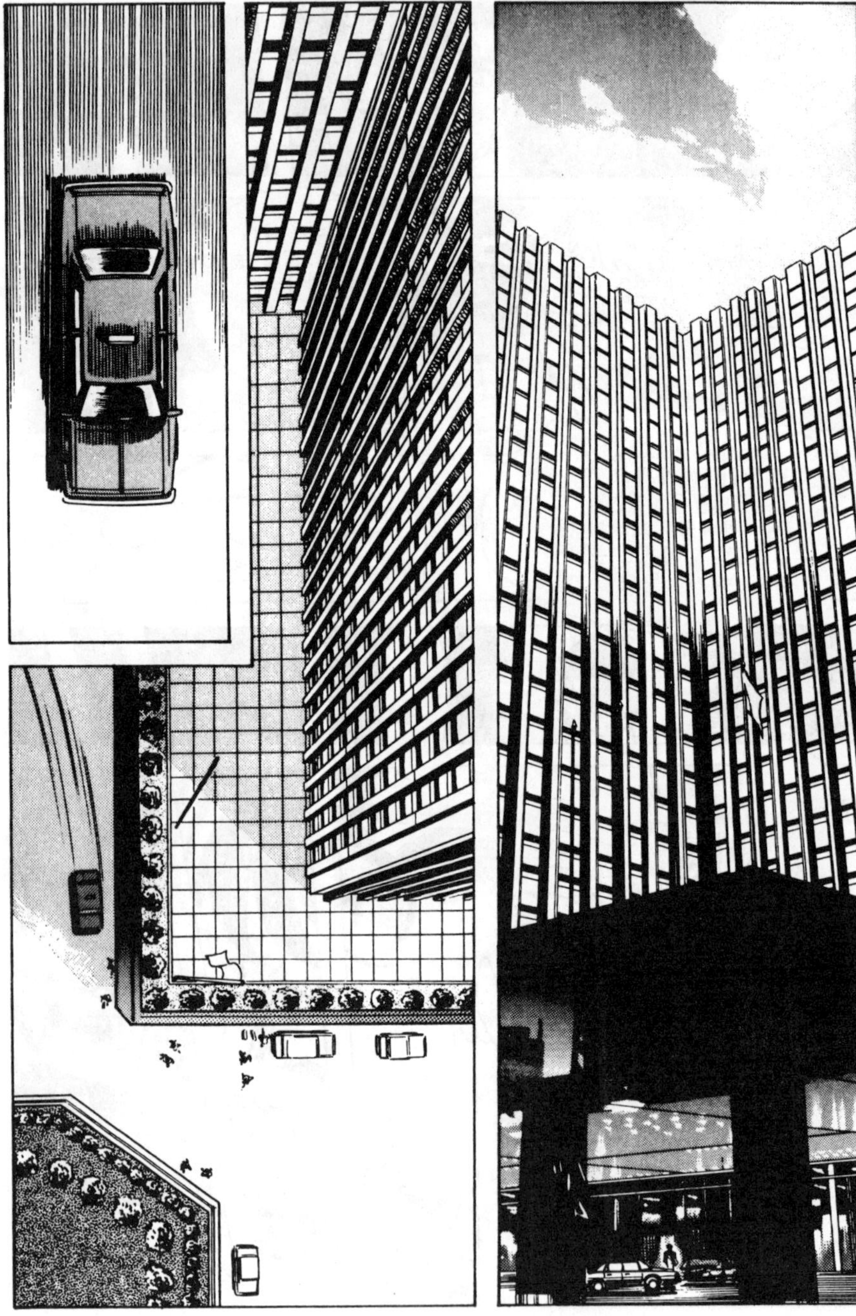

익출 결산대책으로 이익이 필요할 때 함익이 있는 주식, 즉 시가가 장부상의 가치를 상회한 보유주식을 일단 매각하고 그것을 다시 사들임으로써 실제로 이익화하는 것. 우리나라에서는 이익실현이라고 한다.

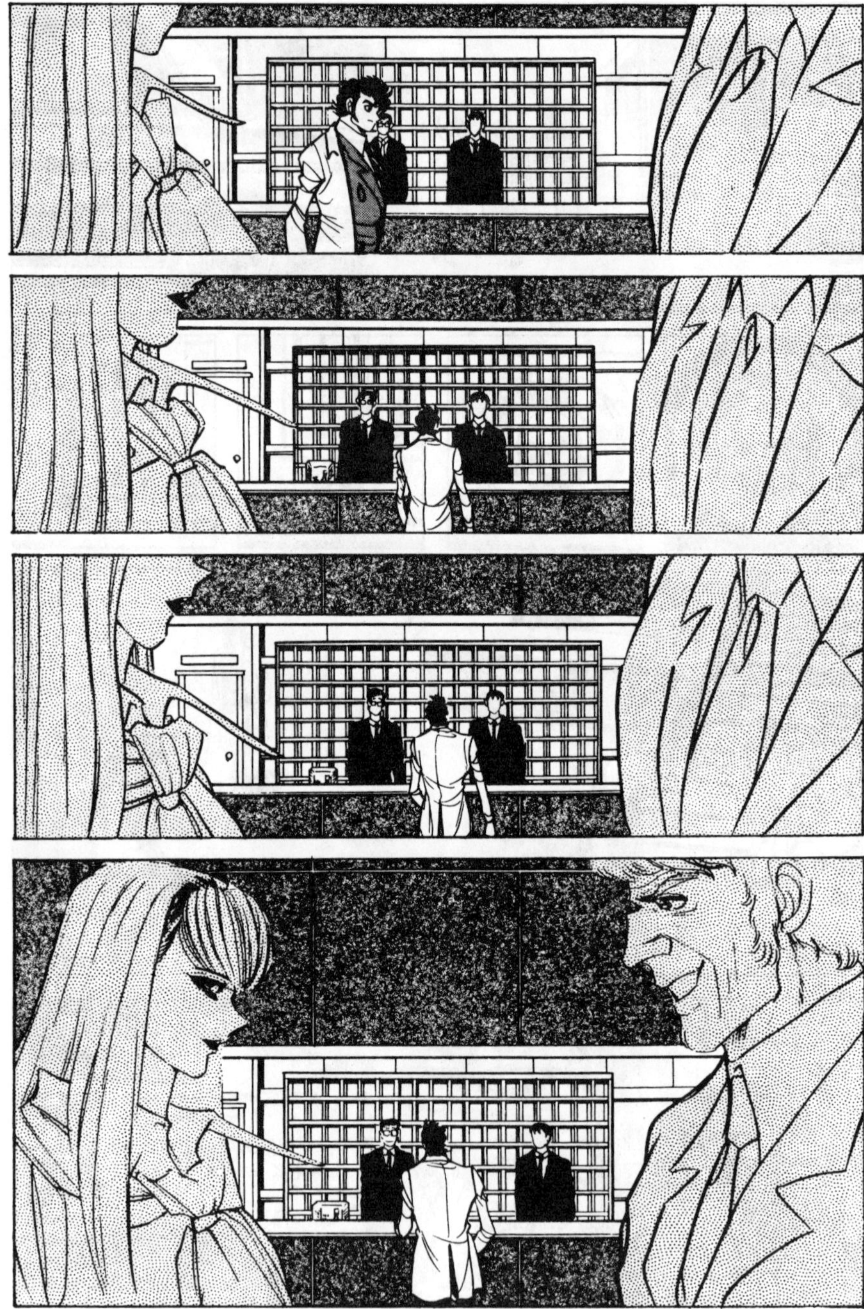

증권거래소 주식이나 채권 등의 매매를 하는 곳. 일본에서는 동경, 오오사카(大阪), 나고야(名古屋), 삿포로(札幌), 니이가타(新瀉), 교토(京都), 히로시마(廣島), 후쿠오카(福岡)의 8개의 지역에 있다.

나는
책임자로서
본점에 사직서를
낸 사람이야.
자네에 대한
지원은 충분하지는
못하겠지만,
할 수 있는 만큼
하겠네.

길어
질지도
모릅
니다.
여러가지
부탁드리게
되겠지요.
하바드에게
내일 자네가
집에 찾아갈
것이라고
전해뒀어.
오늘은
푹 쉬게.

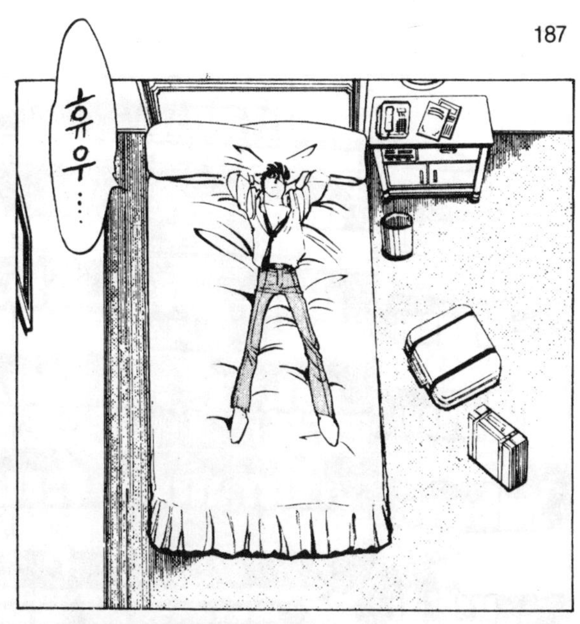
휴우……

풀썩

철컥

그렇게
쉽게 서명
해줄까?

미스터 호
딜러로서의
명성은 익히
듣고
있었습니다.
좀 더
편안한
상황에서
뵙고
싶었는데
…
그렇
습니
까?

SIMEX(Singapore Mencantile Exchange) 싱가폴 국제금융 거래처. 1984년에 아시아에서 처음으로 생긴 금융선물 거래소.

디리 버티브로 진 것은 확실히 나의 책임입니다.
그것에 대해서는 회피하지 않겠소.

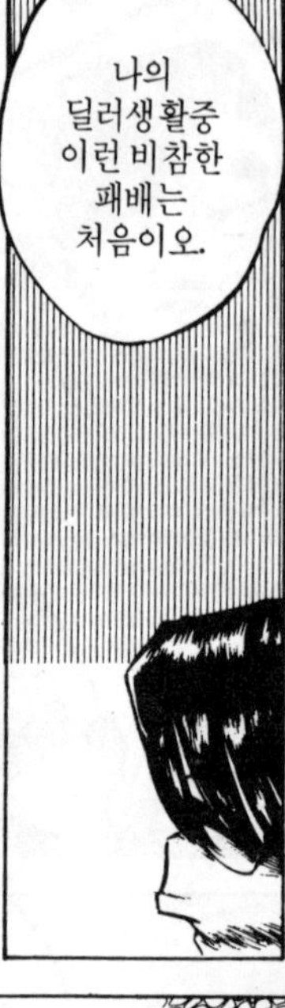
나의 딜러생활중 이런 비참한 패배는 처음이오.

분명히 억울 하시겠지요. 하지만, 곧 명예회복할 기회가 올 겁니다.

입에 발린 소릴랑 하지도 마시오. 당신도 이 업계 사람이 아닌가. 물에 빠진 개가 어떤 취급을 당하는지 모를 리가 없어.

하지만, 디리버티브 중에서도 옵션거래는 세계에서도 당신 위에 설 자는 없다고 하던데.
꼭 누군가 실력 발휘할 수 있는 자리를 마련할 겁니다.

하지만 현실을 보시오.
국제은행은 나를 목자르기는 해도 다시 딜러로서 복직시킬 생각은 없을 거야.
국은의 추천장없이 다음 일자리를 구하는 것은 불가능한 일이오.

선물거래 3개월후라든가 6개월후라는 식으로 장래 약속한 날짜에 상품 인도와 대금 결제가 실현될 것을 전재로 현재시점에서 계약하는 거래를 말한다.

오늘은
당신의 거래
조건을 들어
봅시다.
그것이
이 아름다운
경치를 배경으로
해서 듣는데에
어울리는 일이기를
바랍니다만…
거래는
아닙
니다.
그리고 이
경치에 어울리는지
어떤지 잘 모르겠지만,
우리 은행의 내부처리를
위해 서류를
한 통 써 줬으면
하는게 제가 하고
싶은 이야깁니다.

스와프(Swap)거래 서로의 통화나 채권·채무를 교환하는 일. 예를 들어 A는 채무의 반제를 장기화하고 싶고 B는 단기화하고 싶다면 그것을 교환하는 식으로.

나는 자신의 책임에 대해서는 인정하겠소.
쓰라고 한다면 진술서든지 무엇이든지 쓰겠어.
정말이요? 그럼…
성격이 급하시군요.
잠깐 기다려요. 내가 쓰는 것은 자신의 책임에 관한 것 뿐이지.
그렇다면?
국제은행 홍콩지점이 나 때문에 손해 본 액수는 5백억엔으로 되어 있소. 그렇죠?
그 서류에도 그렇게 써 있을 거야.

옵션거래 주식이나 채권, 통화 등을 일정한 기간안에 일정한 가격으로 사고 팔고 하는 권리를 거래하는 것. 사는 권리를 거래하는 콜, 파는 권리를 거래하는 풋이 있다.

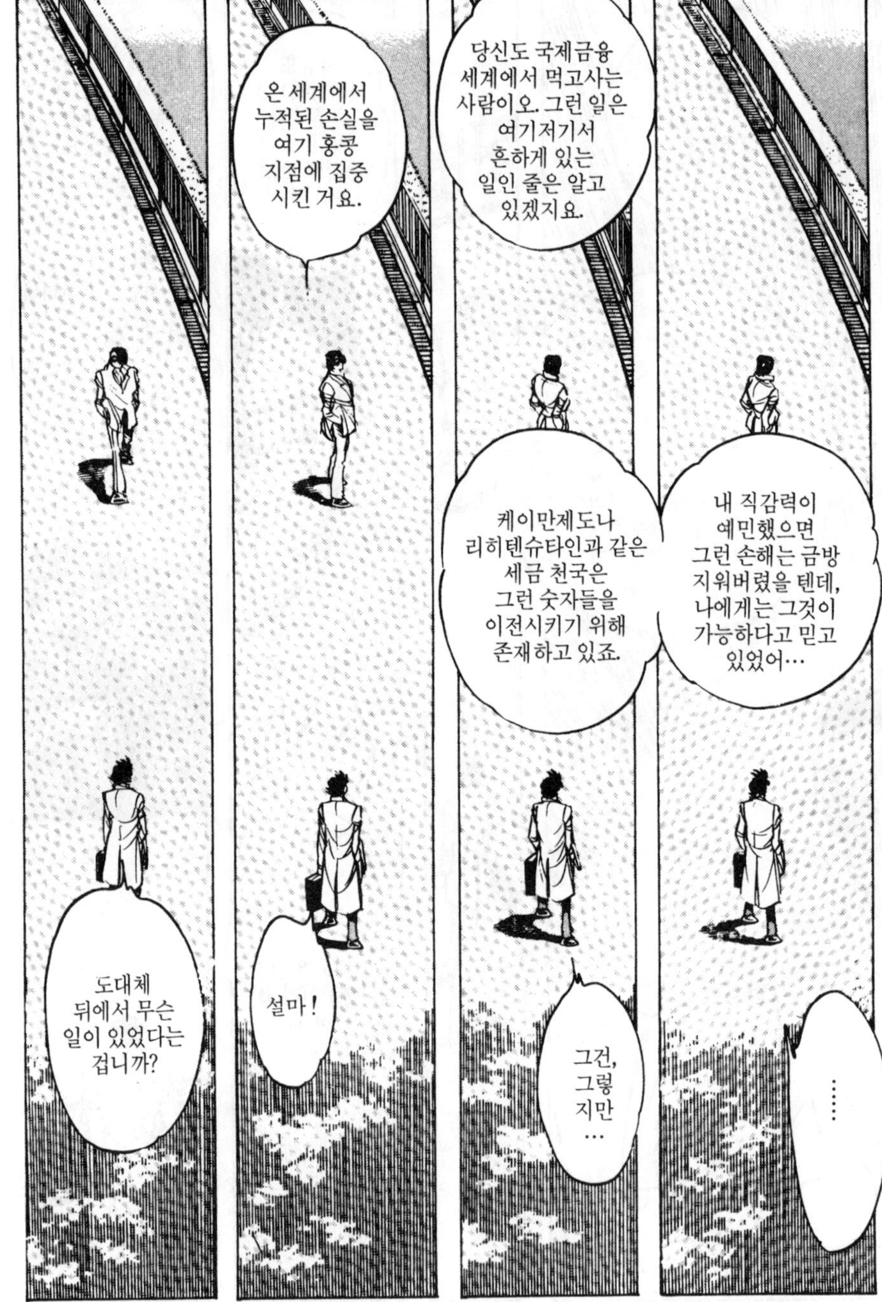
도대체
뒤에서 무슨
일이 있었다는
겁니까?
온 세계에서
누적된 손실을
여기 홍콩
지점에 집중
시킨 거요.
설마!
당신도 국제금융
세계에서 먹고사는
사람이오. 그런 일은
여기저기서
흔하게 있는
일인 줄은 알고
있겠지요.
케이만제도나
리히텐슈타인과 같은
세금 천국은
그런 숫자들을
이전시키기 위해
존재하고 있죠.
그건,
그렇
지만
…
내 직감력이
예민했으면
그런 손해는 금방
지워버렸을 텐데,
나에게는 그것이
가능하다고 믿고
있었어…
……

택스 헤븐(tax heaven) 세금의 피난처. 법인세나 이자, 배당의 원천과세가 없거나 아주 싼 지역이나 나라를 가리키며 파나마가 유명하다. 주로 다국적기업이 자회사를 설립해서 조세회피를 하고 있다.

국제은행 홍콩지점
지점장님, 호가 한 말은 사실인가요?
하바드가 그렇게 말하리라고는 예상했었어.
현재 내 입장에서는 자네한테 그것을 이야기해줄 수는 없네.
어떻게 된 겁니까?
답은 동경에 돌아가거든 도오야마 상무님께 물어보게.
하지만….
그것도 대답 못하겠네.
상무님의 지시였군요!
우리 은행에게 진실은 오직 하나뿐.
……

오픈시장 금융기관만이 아니라 기업, 지방자치체, 개인 등 비금융기관도 자유로이 참가할 수 있는 시장. 금융자유화의 일환으로 단기의 오픈시장의 정비가 근년 급속하게 진척되고 있다.

어떤 딜러가 통화관련 선물옵션 거래에서
수개월 간에 5억달러 상당의 손해를 냈어.
물론 내부 규제나 가격조사를 교묘하게 속였는데.
디리버티브의 세계에서는 그런 것도 간단하게 할 수 있는 일인가?
일어나거든 인터넷 상의 내 주소에 메일을 보내줘.
홍콩에서 신지.

인터넷 전 세계 컴퓨터들이 서로 연결된 네트워크의 집합체. 세계 180개국 이상의 나라들을 연결하고 이용자는 수천만명이 된다. 가까운 시일내에 1억명에 도달된다고 한다.

잘
모르겠어요.
나미씨는
?
언제
까지
계세요
?
응.
그런
셈이
지요.
오자키
씨는
일로?
쇼핑
하고
맛있는
것도
먹으러.

나미씨랑
우연히
만난게
두번째군요.
내일 오후
비행기로 가요.
모처럼 오자키씨를
만났는데
유감이에요.

오자키씨
식사는요?

하
하
하
우리
아주 깊은
인연이
있나 봐요.

공사채 국가나 지방공공단체 등 공공기간이 발행하는 채권을 공채라 하고, 민간기업이 설비투자 등 장기 자금을 조달하기 위해 발행하는 채권을 사채라고 한다.

친구의
미각이 어떤가
우선 시험해
볼까요.

글자로
짐작할 수
밖에 없네.
메뉴판도
다
중국어네.

선택은
오자키씨에게
맡기겠어요.
저는 음식은
안가리니까.
알았어요.
나는 뉴욕의
중화가에서
이런 가게는
몇 번 가봤으니.

국채 국가가 세입의 부족을 보완하기 위해 발행하는 채권. 국가의 일반회계 예산중 경상경비의 세입부족을 보충하기 위해 발행하는 적자국채, 공공 사업 등의 재원으로 할당하기 위해 발행하는 것이 건설국 채.

저희는 한가롭게 쇼핑이니, 식사니 하면서 놀러다니기만 하는데.
직업이니까.
하지만

일에는 해도 되는 일과 해서는 안 되는 일이 있는데…
어머 오자키씨 많이 취하셨네요. 호텔로 가시겠어요?

응…
먼저 나미씨를 데려다주고 나서.
저는 친구가 호텔 로비까지 맞으러 나오게 되어 있어요. 호텔까지 같이 가요.

시테주(仕手株) 주로 투기적으로 시세에 손 대는 일을 직업적으로 하는 사람을 일본에서는 시테(仕手)라고 하고, 그 시테가 하는 예측매매의 대상이 되기 쉬운 주식을 시테주라고 한다.

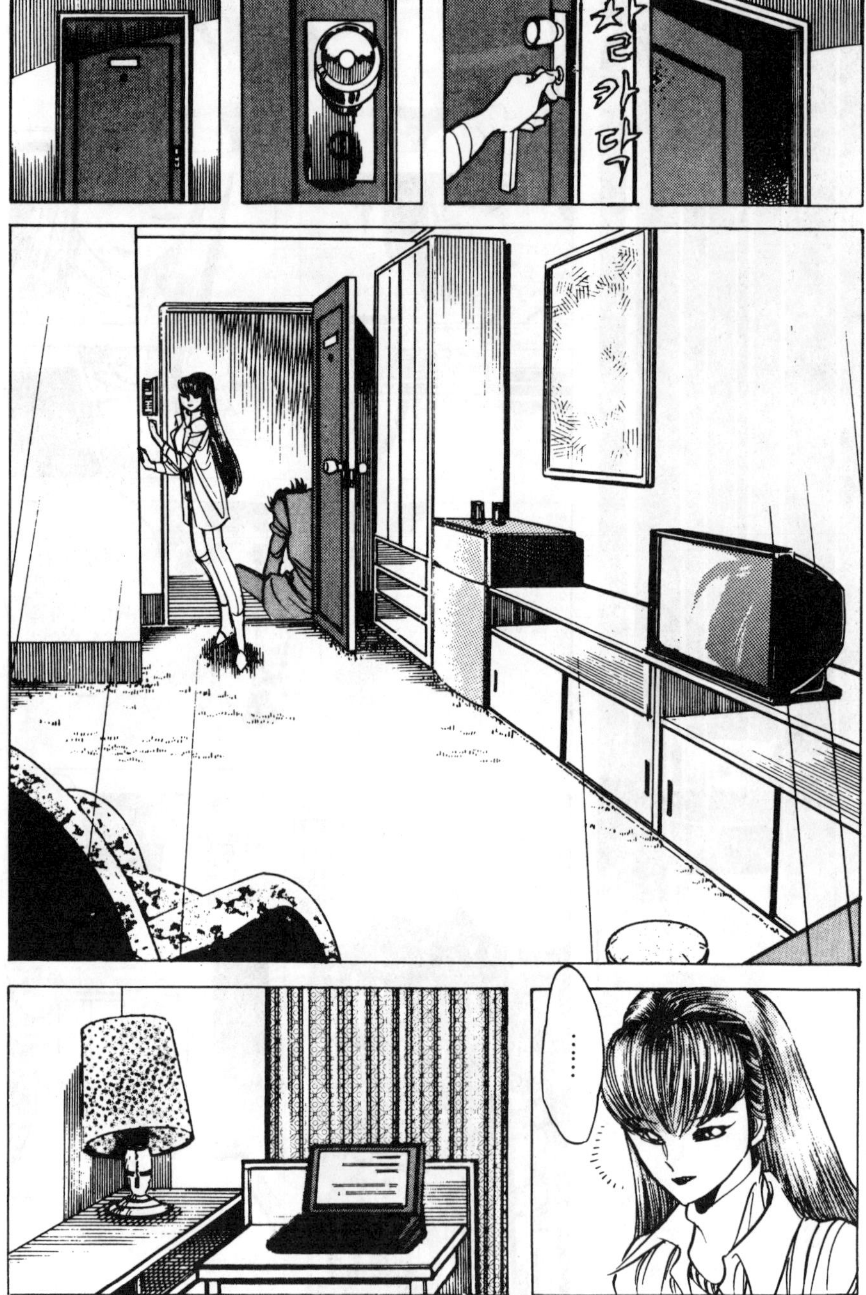
찰카닥
……

TOPIX 동증주가지수(東證株價指數). 일경(日經)평균에 비견되는 대표적인 주가지수이며, 일경평균이 225종류의 평균인데에 비해 제1부 상장의 전 품목의 가중평균으로 산출되는 것이 특징이다.

일경 평균주가 일본 주식 수준을 나타내는 대표적인 주가지표. 동경증권거래소 제1부에 상장된 225품목의 평균주가를 말하며, 일본경제신문사가 미국 다우존즈사에서 개발된 수정산식을 이용하여 산출, 발표.

사실은
아침까지
여기 있고
싶은데
…
……
안녕히계세요.
탁
……

블랙 먼데이 1987년 10월 19일(월요일)에 일어난 뉴욕주식시장의 주가 대폭락을 말한다. 그것이 계기가 되어서 그 다음 날 일본 주식시장에서도 대폭락이 일어났다.

신지.
홍콩에서 무슨 일을 하고 계세요?
시간이 없으니 용건만 보낼께요.
결론부터 말하면 그런 사태가 일어날 수도
있어요.
신지도 알다시피
켈리포니아주 오렌지군이
투자에 실패하고 파산한 사건이 있었어요.

그 외에도 억단위의 손실을 낸 케이스는 적지 않아요.
여왕의 은행이라고 불리던 베어링즈를 파산하게 만든 것도
단 한 사람의 드레이더의 실수였지요.
다만 동종업자로서의 직감으로 말하면,
기간과 액수가 자연스럽지 못하다는 생각이 들어요.
시장에서 손해 본 것
외에도 무슨 사정이 있는 것 같아요.
홍콩시장에서 하바드
호가 갑자기 없어졌다는 소문이
딜러사이에서 나고 있는데
신지의 질문은 그것과 관련이 있나요?

디리버티브 채권 유로시장에서 발행되는 채권에 통화스왑이나 금리스왑 등의 금융수법을 짜맞춰서 판매하는 것. 보통채와 달리 이율이나 상환액이 변동한다.

베어링스(Barings) 영국의 머천트은행. 1762년에 설립된 유력회사였지만 딜리버티브 거래로 거액의 손실을 내고 1995년 2월에 사실상 도산되었다.

뉴욕에서 호씨와 같은 딜러를 하고 있습니다.
그렇군요.
그래서인지 딜러의 자존심과 고집을 아는 것 같은 느낌이 듭니다.
그럼 내가 본점이 준비한 서류 따위에는 서명 못하는 것도 이해해 주겠지요?
예.
하지만 그렇게 되면 전, 동경에 갈 수가 없습니다.
안됩니까? 역시!
정직하시군요. 그럼 잠시 편지 구경이나 하도록 하죠.

인사이더 거래 기업의 중역이나 대주주가 일반에게는 미공개인 정보를 이용해서 자사주식 등을 매매하는 일. 미국에서는 엄격하게 규제되고 있으며 일본에서도 1989년에 법률이 정비되었다.

컴퓨터
시뮬레이션
이군요.
이걸로는
요즘 연전연승
이지.
그것을
위해 남의
신세까지
진다는 건
정말 질색
입니다.
그것을
다시 찾으실
생각은
없으세요?
어쩔 수 없지요.
시장에 가는
권리도
빼앗겼는데.
그 솜씨를
아깝게
묻어 버릴
생각이세요?
생각을
바꾸실 수
있잖아요.
당신은
일전에 딜러를
이해한다고
했지…
저는 딜러의
습성도 압니다.
결코 시장에서
떨어져 있을 수
없다는…

동경에서 허가된 교섭조건이 있습니다.

뭐죠? 크게 양보한 건가?

규정의 퇴직금에다가 1만엔의 위로금을 지급한 답니다.

홍, 그게 크게 양보한 건가…

만약 제가 지금 회사를 개인사정으로 그만두면 퇴직금은 반으로 감액이 됩니다. 물론 위로금 같은 것은 안 주지요.

그것 참 별로 군요.

그러니까 이것은 대단한 우대조치 입니다.

지주회사(持株會社) 투자 목적이 아니라 사업활동을 지배하기 위해서 다른 회사의 주식을 소유하는 회사로 스스로는 사업을 하지 않는다. 일본에서는 독점금지법으로 금지.

대단한
우대조치가 아니라
부족하나마
그런대로
죄를 감해 줬다고
해야겠지?

그렇게
받아들여도
괜찮습니다.

그런데
요전에 당신은
국제은행이
나에게
새로운 일자리를
구해준다고
했지.

참고로
묻겠지만
그건 도대체
어디지요?

미국의
투자은행
알트맨
서섹스
입니다.
알트맨 서섹스면
일본의 스미요시
은행이 제휴한
회사가 아닌가요?
…그래, 당신들 일본의
은행들은
그런식으로
서로 도와주는
군요.
앞으로
스미요시 은행에
무슨 일이 있을 때에는
국은 아니 이제 곧
국제마루노우찌가
된다고 했지,
거기서 돌봐주는
식으로.
꼭
그런 것은
아니지만
…

투자은행 증권회사 중에도 특히 증권의 인수를 중심으로 주로 기업이나 기관투자가 등 큰 고객을 상대로 해서 업무를 하고 있는 업자들을 말한다. 인베스트먼트 뱅크.

빨리 끝을 내지 않으면 곤란한 일이 생길 것 같아.
그런데 여간 가드가 튼튼해야 죠…
어때, 잘 될 것 같나?
뉴욕 연은의 직원들이 우리 지점에 와서 이것 저것 물어보고 갔다고 하네.
연은이!
이 건이 귀에 들어간 것인가 요?
그럼 큰일 이군요.
그렇게 생각해야지. 뉴욕 지점의 손해를 몰래 이전한 게 아닐까하고 의심을 하고 있는 것 같아.

뉴욕연은 미국의 12개 연방준비은행 중에서도 가장 큰 힘을 갖고 있다. 워싱턴의 FRB(연방준비이사회)에 의해 통괄되고 화폐제도의 통일과 통화공급의 조절 등을 목적으로 하고 있다.

오자키씨.

앗!
호씨.

저에게
무슨
용건이라도
?
호텔에
갔더니 산책
나갔다길래 무작정
이쪽으로
와봤어요.
더이상 거절하면
당신이 여기서
뛰어내리지
않을까 해서요.
서명해
주신다고요
?
예.
변화가 심해서
서른 다섯을
넘으면 못 따라
간다고…
그리고
이제 곧
아기가
태어나요.
저를 위해서도
호씨를 위해서도.
잘된 일이군요.
아니,
좋은
일이라고까지
할 수 없을지도
모르지만…
좋은
일이요?

당신의 제안을 받아들이려고…

디리버티브의 딜러는 서른 다섯이 정년이라고 하는 말은 들어 봤겠죠?

농담이지… 그동안 잘 생각해봤는데 나도 이제 서른셋이 됩니다.

예?

그렇다면 나에게 남아 있는 기간은 2년, 시장에서 떨어져 있는 하루하루가 아까운 거요.

그러니까 당신이 가지고 온 엉터리 서류에 서명해서 한시라도 빨리 시장에 돌아가고 싶소.

그럼 바로 제 방에서 서명을 하시죠. 속담에도 좋은 일은 서두르라 하잖아요.

고마워요. 아버지가 직업이 없다면 아기의 교육에도 좋지 않지요.

그것 참, 축하드립니다.

하하하… 당신과는 앞으로 친구가 될 수 있을 것 같군. 이젠, 퍼스트 네임으로 불러주시오.

유니버설 뱅크(Universal bank) 은행, 증권, 보험 등 금융의 각 업무를 고객에게 모두 제공할 수 있는 금융기관. 구서독에서 3대은행이 증권업무를 시작한 것이 첫 케이스이다.

다국적기업 해외시장 확보, 노동력 등 생산자원의 이용을 목적으로 각국에 자회사를 두고 다각적 활동을 전개하는 기업을 말한다.

이제 끝났어.
호도 한때는 황금알을 낳아준 거위였는데.
이 세계에선 재도전이란 있을 수가 없는게야.
지기 시작한 딜러에겐 두번 다시 영광은 안 돌아와.
……
이 사건의 정보가 새는 듯한 사태가 계속해서 발생하고 있어.
예?
그런데 오자키군. 말할 필요도 없겠지만.
기밀은 충분히 유지되고 있지?

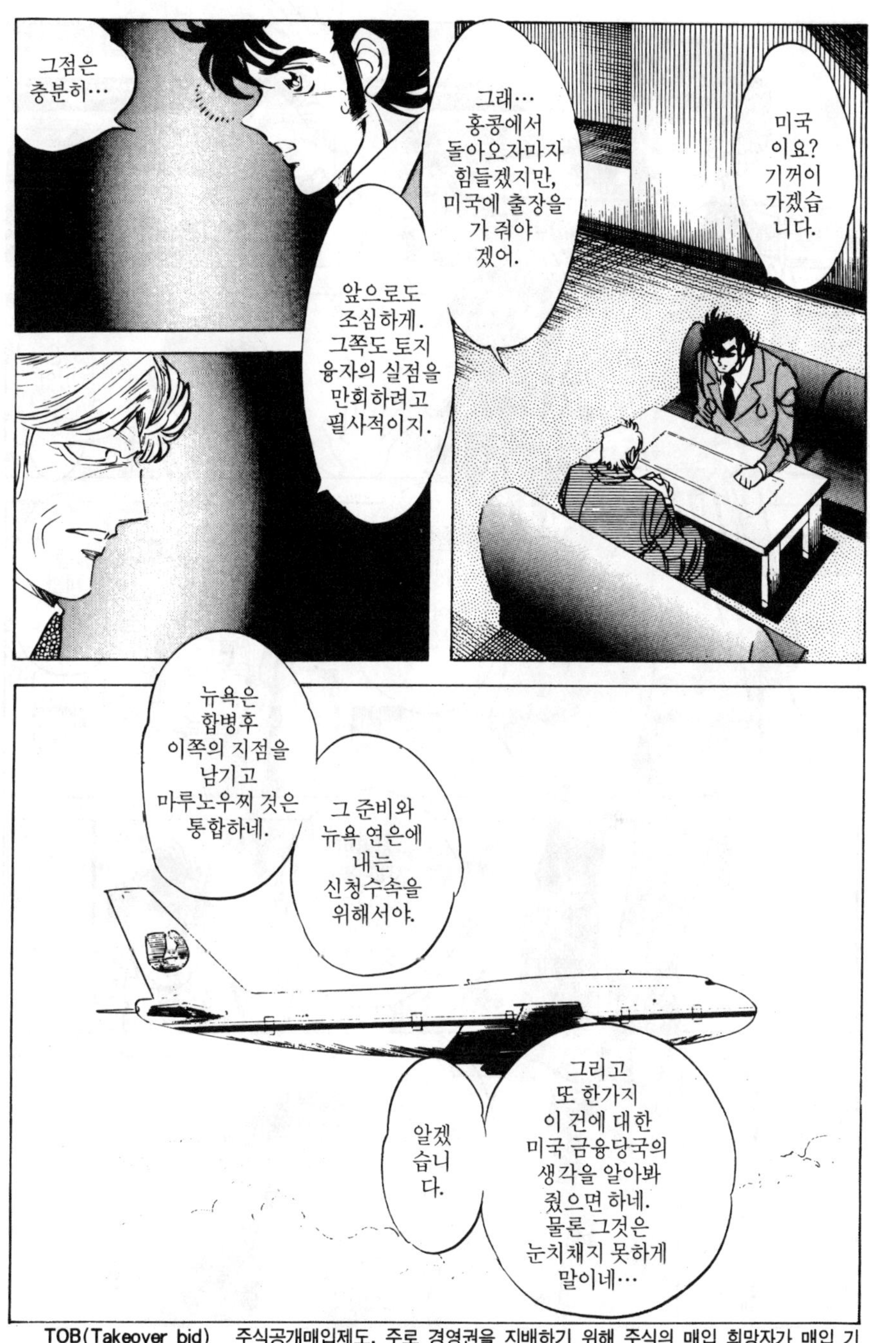

TOB(Takeover bid) 주식공개매입제도. 주로 경영권을 지배하기 위해 주식의 매입 희망자가 매입 기간, 주수, 가격을 공표해서 불특정 다수의 주주로부터 매입하는 방식.

사라
잘 있었어?
네. 신지는? 좀 여윈 것 같은데.
좀 바빴어.
하지만 사라 얼굴 보니까 힘이 솟는데.
후후 그럼 좋지만, 여기 일도 아마 힘이 들 거예요.
일본 은행의 평가는 한층 더 추락했으니.

신용금고 신용금고법에 따른 회원조직형 중소기업금융기관. 주로 회원 및 비회원으로부터 예금을 받아들이고 회원에 대한 대부를 한다. 81년에 법이 개정되어서 외국환업무도 할 수 있게 되었다.

항상 하던
행동방식 그대로예요.
밖에서 오는 압력이
한계까지 다다르지
않으면 행동에
옮기지 않는…
그럴
지도
모르
지.
요즘은
일본의 신용이
굉음을 내면서
무너져 가는
듯한 느낌이
들어.
신용의 기본은
공평성이에요.
미국은 무슨일이
있을 때마다
일본을 불공평하다
비난하지만,
적어도 금융에 관해서는
저도 그렇게
생각해요.
불공
평하
다고
…
일본의
금융관행은
확실히
세계의 표준형이
라고는 할 수
없으니까?

미일반도체협정 일본제 반도체의 대미 수출을 억제하고 외국제 반도체의 일본시장 점유율을 확대하는 것을 겨냥해서 86년에 맺어진 협정. 91년에 기간을 5년간으로 해서 맺어진 신협정도 96년이 기한 만료.

빠르네
벌써,
크리스마스군.
사라, 휴가는
어떻게 할거지?
그렇지.
신지는?
오라,
그러고 보니
일본에는
크리스마스
휴가가
없지요.
샌프란시스코에
있는 언니집에서
지내려고 해요.
크리스마스는 역시
혼자 있기는
외로우니까.

미일자동차협정 자동차와 자동차부품의 시장개방을 둘러싼 미일간의 통상교섭.

제게는 별로 느낌이 좋지 않은 일이었습니다.
우리 일이란 항상 뒷맛이 깨끗하게만 되는 것은 아니야.
이 건으로 뉴욕 연은이 실태파악하러 왔다던데요.
여기서 진 걸 홍콩에서 처리한 게 아닌가 하는 의심을 하고 있는 것 같아.
그럼 파악한 결과는요?
별거 없었지. 단, 지금 연은은 무엇이든 의심하는 눈초리로 보고 있어. 그 점이 마음에 걸리네.
무죄 방면은 안 되나요?
그걸 잘 모르겠어. 깨끗이 정리를 해서 합병을 하고 싶은 데 저쪽의 방침을 알 수가 없어서 난처하다네.
무슨 좋은 방법이 없을까?
잘못 움직이면 무언가 켕기는 일이 있는게 아닌가 하고 억측할 테니

협조개입 주요 각국의 중앙은행이 외국환시세를 안정시키는 목적으로 외국환시장에서 협조해서 외화를 매매하는 것.

오늘은
어땠어?
일본의
정치나
경제상황을 보면
살만한 재료는
없지만.
거의
보합세예요.
휴가를 앞두고
거래양도
적어요.
하지만 연말이라
미국의 재정상태에
대한 불안이 커져
엔고의 악재가
될 것 같아요.

신지가
홍콩에
출장간
일과 관계가
있어?
그러고 보니
일전에 연은의
직원이 왔다고
들었는데,

하바드
호의
사건
이예요?
응…

횡보(橫步) 시세가 몇번이나 소폭의 상승, 하락을 되풀이하는 상태. 장기휴가 전이나 시세를 움직이는 결정적인 요인이 없을 때 등 거래량이 줄었을 때에는 횡보상태가 된다.

하지만
딜러중에서
그것을 믿는
사람은 아무도
없겠지요.
연은도
그렇게
의심하고
있어.

그들은
무언가
잡아
냈나요?

흐음…

지점은
이것으로
이건에 대한
그들의 조사가
끝난 건지 알고
싶어 해.
만약
합병 후에
사찰이 있으면
체면이 안
서니까.

당연
하지
요.

그런건
없었던
것 같아.
아직 납득하고
있지는
않은 것
같지만.

외국환예약 외국환 선물거래라고도 한다. 일정한 조건으로 장래에 외화를 매매하는 것을 약속하는 것. 외국환시세의 변동에 의한 위험을 방지하는 것이 목적이며 업자와 은행, 은행 상호간에서 이루어진다.

아니…
미안해.
내가 잘
못했어.
그말은
취소
하겠어.
신지
이 기회에
한 마디
할께요.
호의
건으로 저는
아주 불쾌
해요.
무엇으로
거래했는지는
모르지만,
결국 현지인을
나쁜 사람으로
만들고
은행을 지킨다는
방법말이에요.
그것도 감시의
기능이 약한
아시아 시장에서
처리해 버리자는
식의…
……

업무개선명령 금융기관의 법령위반을 시정하기 위해, 은행에는 대장상, 신용조합에는 도도부현 지사(都道府縣 知事)가 발령을 내린다. 따르지 않는 경우에는 중역해임이나 벌금 등의 벌칙규정이 있다.

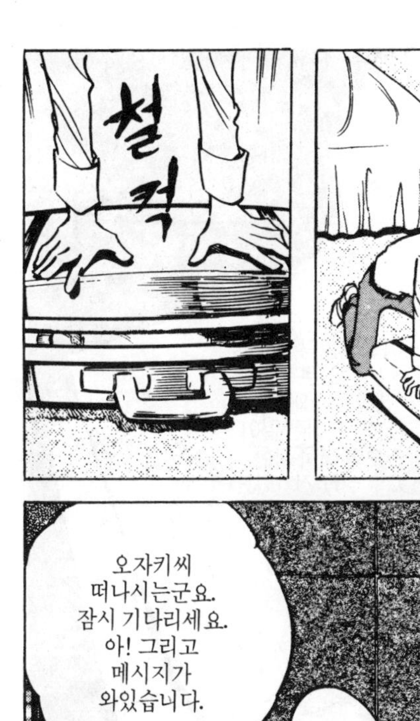

헤지 펀드(Hedge fund) 주식이나 외국환 등 변동상품에 대한 투자에 있어서, 선물이나 옵션 등 금융파생상품으로 운용하여 시세의 상승, 하락에도 불구하고 수익의 확보를 추구하는 펀드(재원)를 말한다.

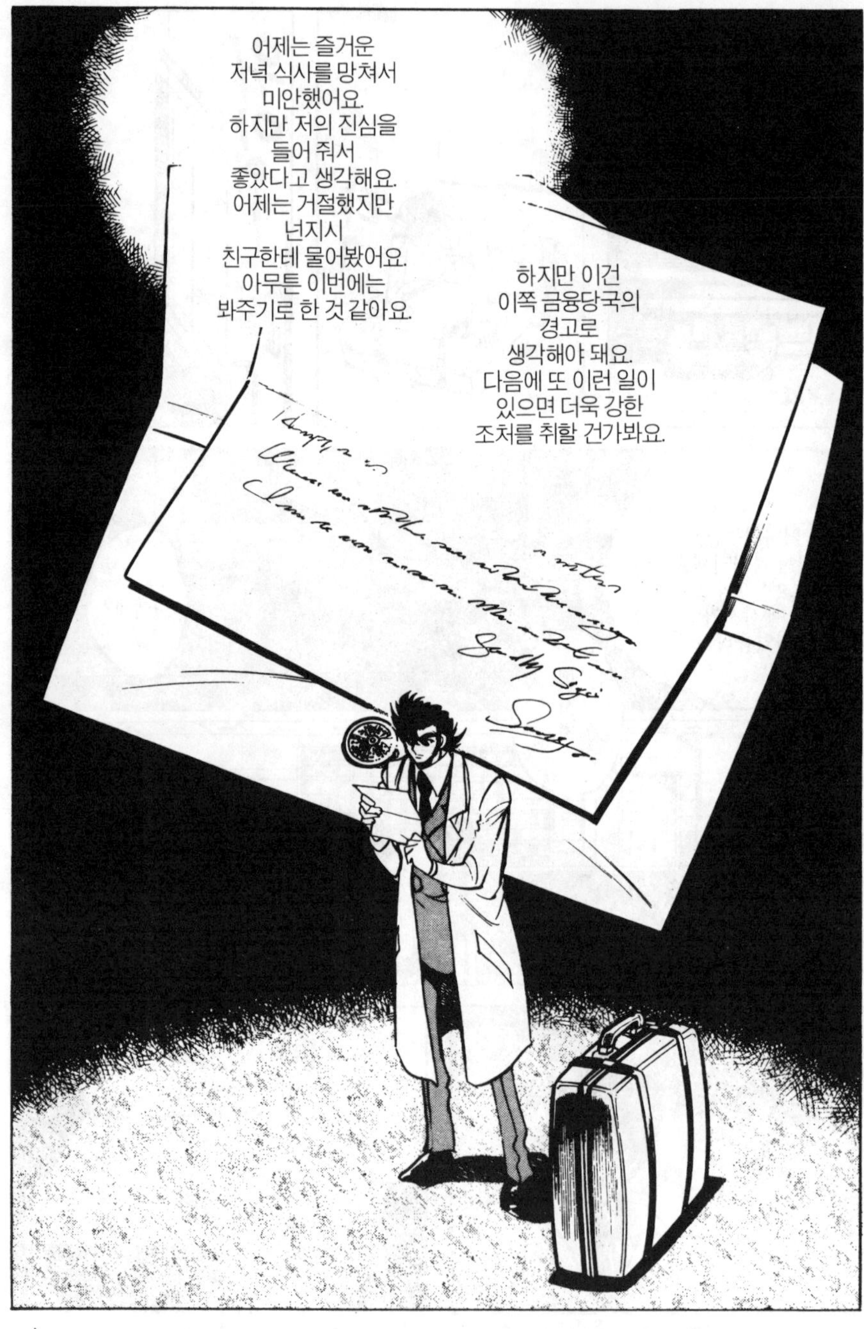
어제는 즐거운
저녁 식사를 망쳐서
미안했어요.
하지만 저의 진심을
들어 줘서
좋았다고 생각해요.
어제는 거절했지만
넌지시
친구한테 물어봤어요.
아무튼 이번에는
봐주기로 한 것 같아요.
하지만 이건
이쪽 금융당국의
경고로
생각해야 돼요.
다음에 또 이런 일이
있으면 더욱 강한
조치를 취할 건가봐요.

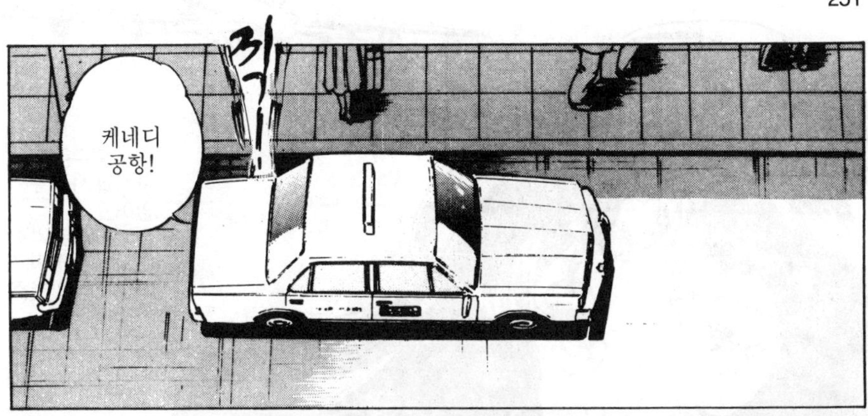

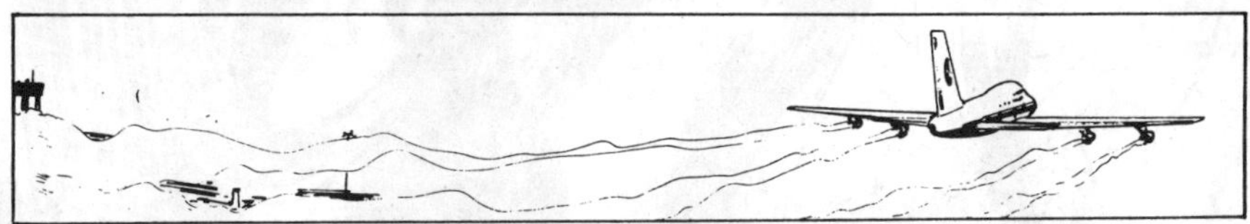

리스크 해지(Risk hedge) 차입자의 파탄으로 채권의 회수가 불가능하거나 주가폭락, 예상외의 엔고 등 금융기관들이 안고 있는 여러 리스크(위험)에 의한 피해를 회피하는 것.

이제 순수한 마음으로
당신과 사귈 수가
없어요.
즐거웠던 추억들을
마음에 깊이 새겨서 저는
새로운 생활을 찾겠어요.
안녕히
사라.

디리버티브(Derivative)

옵션, 스와프, 선물 등 고도의 금융 파생상품을 말한다. 컴퓨터가 발달함에 따라 복잡한 거래를 할 수 있게 되고 금융리스크를 피하는 목적으로 발전되었다. 또한 얼마 안되는 자금으로 거액의 거래를 할 수가 있기 때문에 요즘의 금융시장에서는 전문가 뿐만 아니라 일반 기업, 개인에도 크게 보급되어 있다.

선물은 장래 지정한 날짜에 상품의 인도과 대금결제를 할 것을 현시점에서 계약하는 거래를 말한다.

옵션은 일정기간 후에 상품의 교환을 시작할 수 있는 권리를 거래하는 것이며, 스와프는 통화 등을 매매하는 당사자가 직물(直物)과 선물을 교환함으로써 자신이 필요로 하는 조건에 맞는 것으로 하는 수단이다.

예를 들어 옵션을 구체적으로 설명하면 장래의 어떤 시점에 어떤 물건을 3만엔으로 팔 권리를 가지고 있으면, 만약 그후의 변동으로 값이 떨어졌다고 해도 역시 3만엔으로 팔 수가 있다는 식이다.

하지만 적은 자금으로 거액의 거래가 가능하기 때문에 잘 못하면 손실이 상상을 초월하는 정도의 거액이 될 수도 있다.

또 거래내용이 복잡하기 때문에 경영자 자신도 모르는 사이에 손실이 부풀어 버린 케이스도 있다. 프록터 앤드 갬블(P &G)이나 도산한 영국은행 베어링즈 등이 그 예가 된다. 리스크 헤지를 목적으로 발달했음에도 불구하고 큰 리스크도 함께 갖고 있다.

디리버티브는 그 거래액이 엄청나게 부풀어 올라, 시장의 과잉한 변동을 억제하는 통화·금융당국의 콘트롤을 크게 벗어나는 존재가 되어버린 것을 우려하는 의견도 있다. 이 때문에 규제의 움직이도 볼 수가 있지만 금융거래는 이미 디리버티브 없이는 생각할 수도 없게 된 시대가 된 것에는 틀림이 없다.

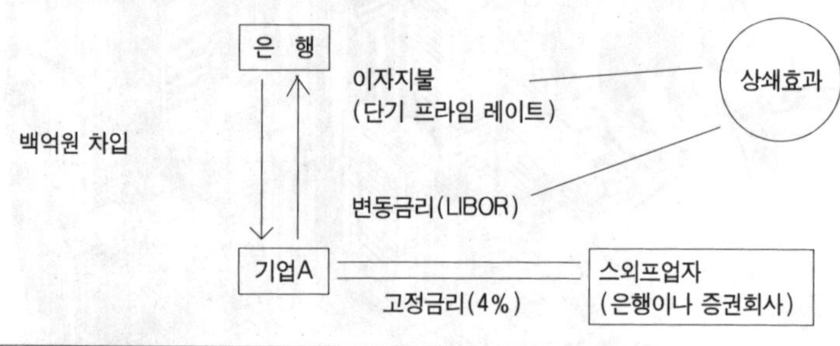

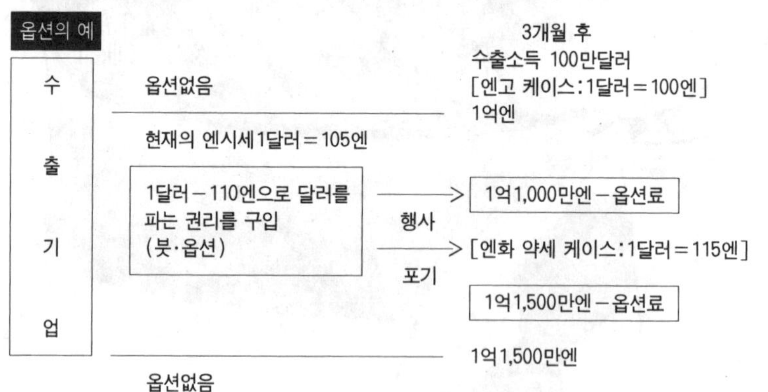

새로운 은행의 창설

다음주는
드디어
새은행 인사
내정통지가
있대.
소문으로는
도오야마나 구보 두
상무는 새은행의
전무로
승진한다는데.
마루노우찌와
연차를 맞추기
위한 발탁인사
라는.

캐피탈 게인(Capital gain) 자산의 가격 변동에 의해 생기는 매매차익을 말한다. 산 값보다 비싸게 팔므로써 얻는 이익이 캐피탈 게인이 된다.

설마!
구보나
도오야마
두 전무의
노력에
기대할 수 밖에
없네.

자기 은행
출신자의
이익을
지켜줘야지.
그렇잖아
오자키.
그렇지

너는
괜찮을 거야.
도오야마 상무님,
아니 전무님이
돌봐 줄테니.
그런
일은
없을 거야.

따르릉

오자키씨
오래간만
이에요.
출장이
많아서
바쁘시
지요.

콜시장 금융기관 상호간의 단기의 대부, 차입을 조절하기 위한 시장. "부르면 대답한다"는 정도로 아주 짧은 기간에 회수할 수가 있기 때문에 이런 이름이 붙여졌다.

오자키씨
어서
오세요.
상무님께서
약간
늦으신다고
전화
왔었어요.

그렇
습니
까.
나미와
이야기라도
하고
계세요.

도오야마씨는
이번에
전무가
되신다는데
정말이에요?
저,
오자키
씨.

정식 발표는
아직 없지만
사실인줄
압니다.

대단한
출세
네요.

항상 동기들
중에서
제일 먼저
승진하시니

제 눈은
틀리지 않았어요.
반드시
출세하실 분으로
눈여겨 보고
있었으니까요.

제가
보기에는
오자키씨도
출세할
것 같아요.

글쎄요.

승진
하시걸랑
이 가게를
많이 이용해
주세요.

재정투융자 국영의 우편저축, 각종 보험·연금 등으로 모아진 자금을 재원으로 정부가 민간산업에 대해서 하는 출자, 대부, 채권인수 등의 투융자활동을 말한다.

자기경락(自己競落)회사 경매에 내놓은 자사 자산을 경락하는 자회사로 불량채권의 처리 촉진을 위해 설립하는 케이스가 대부분이다.

게다가 홍콩에서 오자키씨를 만났다니 우연이라 해도 거짓말 같이 들리잖아요?

하지만 사실 그런걸…

몰래 약속한 홍콩여행으로 보이면 곤란하니까요.
그렇게 생각 안하는 사람도 있기 마련이죠.

나미씨의 요구라면 그렇게 하겠지만‥

부탁이에요.

알았어요.

!
어이, 미안하네.

도오야마 상무님, 또 승진하시다니 진심으로 축하합니다.
정식 결정은 합병총회가 끝나고 나서 일세.
끝에 가서 선임이 안될 수도 있으니까.
설마, 그렇죠. 오자키 씨?
물론 이지요.
그런가? 빠른 축하 감사하군.
자, 나미씨 …
잠깐 자리를 비켜달라고요? 알고 있어요.

오자키군 자네도 여러 일을 하느라고 애썼네. 합병준비는 거의 끝났어. 거기에 따른 인사도 다 승인이 됐네.

그렇습니까?

그래서 자네 문제인데…

아!

내정통지는 다음 주에 하지만 미리 말해 놓으려고.

예.

소개예금　금융기관이 거래선 기업의 잉여예금을 다른 금융기관에 소개해서 예금시키는 일. 일반적으로 금리가 높고 조건이 좋다.

팟
후-
자네는 전출 하게 됐네.
전출 이요!
……
그렇습니까.

그럼 어디로?
새로이 발족되는 국제금융시스템 연구소 일세.

오가사와라 씨가 가는데…

지적소유권 담보융자 특허권, 상호권 등 공업소유권이나 저작권 등 지적소유권을 담보로 한 융자를 말한다. 부동산을 비롯한 물적자금이 적은 벤처기업 등에 대한 자금조달 지원을 목표로 하고 있다.

그럼,
오자키씨
간섭할 사람
없으니 마음놓고
마셔요.

으
응.

왜 그래요.
힘이 없이
보이는데…

아니,
괜찮아요.

자,
마십시다!

저당증권 개인이 주택구입자금을 조달하는 등의 경우에 구입예정인 주택을 담보로 해서 일반투자가로부터 자금을 차입할 것을 목적으로 발행되는 증권.

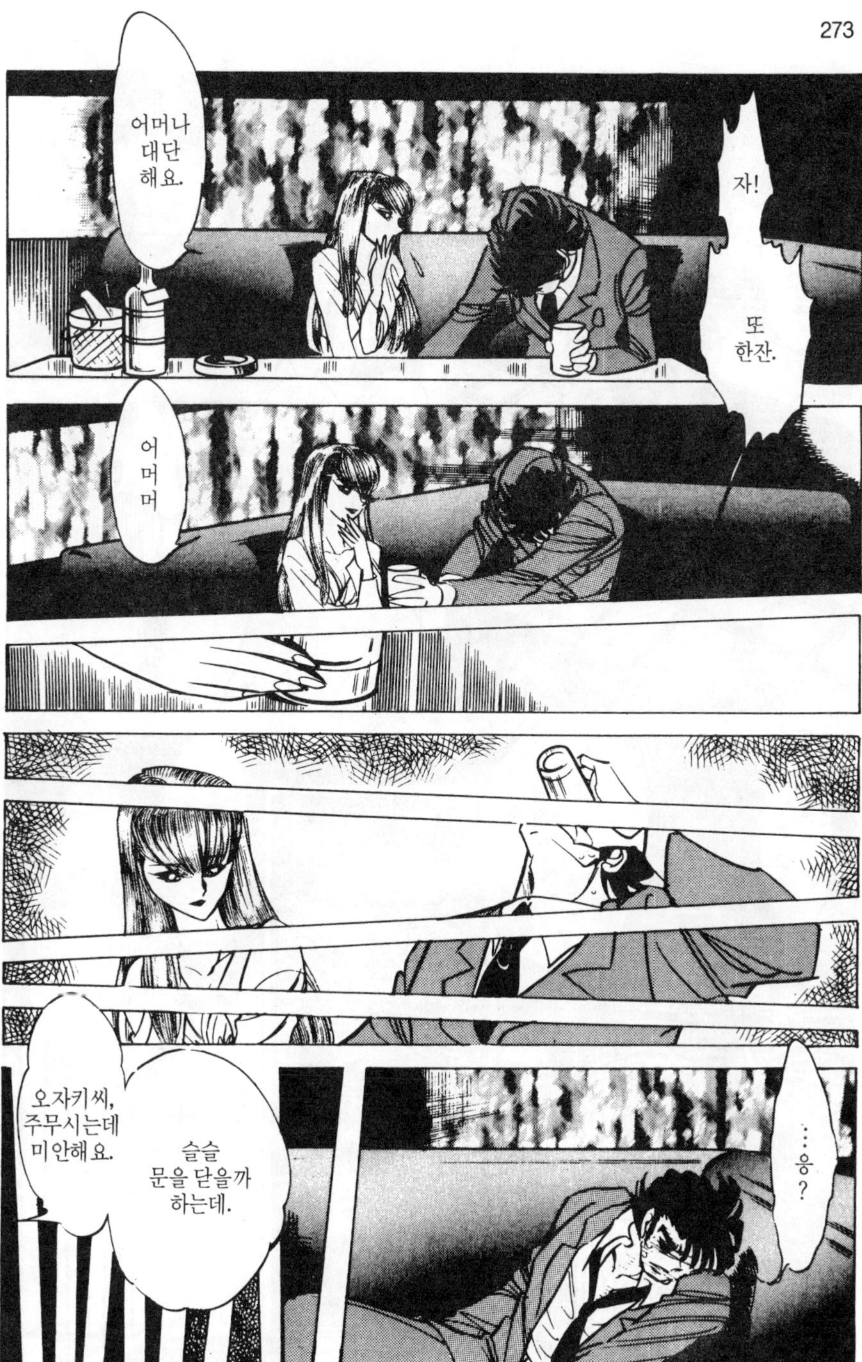

투자신탁 투자가로부터 증권업자가 소액의 자금을 모아서 증권투자를 중심으로 운용하고 그 이익을 투자가들에게 분배하는 것. 일본에는 주식 투자신탁과 공사채 투자신탁이 있다.

잤더니
술이
깨는
군요.
괜찮
아요.
아,
잠이
들었
군요.
좋아요.
제가
모셔다
드릴께요.
아직
괴로워
보이
는데…

출세
요
?
나같은
사람은 영원히
출세 못해요.
어머니의 눈도
믿을 만한게
못되지.
출세할
소중한
몸인데
조심해야
지요.
혼자
갈 수
있어요.

도입예금 금융기관이 특정한 제3자에게 융자하는 것을 전제로 해서 예금자에게 정규의 금리를 상회하는 특별금리를 지불하는 등 유리한 조건으로 모으는 예금을 말한다. 법률로 금지되어 있다.

역시,
무슨 일
있었군요.
왼쪽
주머니에는
껌이야…
칫, 꿈같은
것 안 들어
있네.

후우
시원하군.

쭉-!

뚝-

토바시(飛ばし) 장부상의 부실채권을 줄이기 위해 회수곤란한 담보물건을 계열회사에 고액으로 경락시키는 등, 부실채권을 다른 회사로 옮기는 행위를 가리키는 용어.

그럼, 괜찮아요?
응.
ALMOND
RESTAURANT

그럴
수 밖에
없지.
원망스러울
거야.
어제는 잠을
설친 것 같군,
척보면
과음했다는
얼굴인데.
대할 면목이
없군.
너무한 것같아.
하고 싶은 말이
있어 점심 같이
먹지않을래?
그런 마음이
내키면 말이지만…

페이오프(Pay off) 금융기관이 경영파탄한 경우에 예금보험법에 따라 예금보험기구가 예금자 1인당 1천만엔을 한도로 예금을 돌려주는 것. 일본에서 발동된 일은 아직 없다.

고마워.
그런데 하고 싶은 말이 뭐지?
해장술로 맥주라도 어때?
에, 그 두사람이 화해했어?
요전에 은행장 주최로 골프모임이 있었어. 목적은 도오야마 상무와 구보 상무의 화해지.
합병으로 마루노우찌파와 싸워나가야 하는데. 국은 내부에서 싸우고 있으면 어떻게 하느냐고 은행장이 말한 것 같아.

열후론(劣後 loan) 다른 채권보다 변제순위가 낮은 무담보의 대출채권.

너 눈치 못챘어?
엣! 무슨 일을?

그 건은 진행상황이 구보 상무에게 파악되어 있었어.
무엇을?

알고 있었어?
응.
하지만 그 건에 관한한 나는 별로 큰 문제도 이끌어 내지 못했는걸
도오야마 상무에게는 그것은 문제가 아니었지.
아니 왜 그렇지?
너를 움직이는 것 자체가 중요했고, 그것으로 구보 상무를 견제했어.
그렇군!
거꾸로 디리버티브 사건으로 구보 상무도 같은 짓을 했지만.

마타하리(Mata Hari 1876～1917)　네덜란드의 댄서로 파리에서 인기를 얻었는데 1차대전중 독일의 스파이로서 체포되어 처형되었다. 그 이후로 여자스파이의 대명사가 되었다.

하지만 나는 일에 관해서는 한 마디도 안했는데.
하지만 전자메일을 봤었지?
앗!
거봐
그녀는 영어도 컴퓨터도 모른다던데…
그 여자의 말을 그대로 믿다니 너는 아직 순진하군.
그랬었군.
또 하나만 가르쳐 주지.
아직 또 있어!
저 죠루주 상쿠의 마마말인데 그녀는 레조네 그룹의 전총수가 밖에서 만든 아이야.

언더라이터(Underwriter) 기업이나 공공기관이 시가 발행 증자나 공사채를 발행하는 경우에 투자자와의 사이를 중개하는 기관. 대장성이 면허를 수여한 증권회사에게만 그 자격이 있다.

구보 상무 곁에 있으면,
그들의 손바닥 속도 보이게 되고, 행동양식도 알게 돼.
하지만 너는 어떻게 그렇게 속속들이 알고 있나!
으… 음
이번 일로 너도 많이 배웠지.
그런 것인가
다음에 본점에 돌아올 때는 괴물들에게 속지 않게 조심해.
고마운 충고일세. 그렇지만, 과연 본점으로 돌아올 날이 있을까.

USTR 미통상대표부. 국제통상 교섭을 담당하는 대통령 직할기관. 미국의 통상정책에 관여하는 다른 정부기관과 긴밀하게 협의하여 대외교섭의 창구로서 시장개방 등을 공작하고 있다.

제가
도움이 될지
어떨지…
연구소라는
대단한 이름이
지만,은행내에
서는 나의 은퇴처
라고 하는 사람도
있다네.
무슨 말씀을
하십니까.
부행장님.
그런 곳에
전도 유망한
청년을 불러서
미안하게
생각하고 있네.
하지만,
오자키군.
나는 자네도
알다시피
대장성
출신이야.
대장성
지배의
상징으로
보이는 것도
잘 알고
있어.

산업의 공동화(共同化) 땅값이나 인건비의 상승, 여러가지 규제 등을 피해서 생산거점을 해외로 이전함으로써 생기는 현상. 최근에는 본사의 기능도 아시아지역에 옮기는 기업이 늘고 있다.

어떤
일이지요?
지금 붕괴
위기에 처해
있는 일본의
금융시스템을
다시 세우는
일이야.
예!
일본의
금융시스템은
대장성의 위치를
포함해서
지금 국제적인
비판을
받고 있네.
네. 저도
이번에
몸으로써
그것을
느꼈습니다.
그것을 다시 세우는
것은 쉬운 일이 아니야.
하지만 그것을
할 수 있을지가
일본이 국제사회에서
생존할 수 있을지를
결정하는 시금석일세.
동감
합니다.

지금까지 대장성은
금융을 파악하고
돈의 흐름을 제어함으로
산업의 방향을 결정해
왔다네. 분명히
그것이 유효했던
시기도 있었지.
예.
대장성이
금융을 지배하게 된
것은 전중전후의
통제경제의
흔적이니까.
전후 5십년 지나니
그 낡은 제도가
붕괴하기 시작했어.
미국이
애타는 것도
당연한 측면이
있다네.

통제경제 정부에 의해 통제 또는 계획화된 경제체제를 말한다. 노동통제, 가격통제, 배급통제, 생산통제 등이 있다. 2차대전 중의 일본의 경제는 통제경제였다.

나는 새로운 금융시스템을 추구하고 관청이나 업계에 제안하는 것에 매진 하고 싶다네.

하지만, 그러면 안돼.

훌륭한 생각이 십니다.

일본의 금융구조는 일본의 사회구조 그 자체일세.

모랄 해저드(Moral hazard) 금융기관이나 예금자가 행동의 절도를 잃어버리는 것. 대장성의 보호를 믿는 금융기관의 난맥경영, 차입자의 배금주의 등, 윤리관결여가 대량의 불량채권을 낳은 원인이 되었다.

나라의 보호와
규제 밑에서
자기네들의 논리만으로
움직이는 것.
해외에서는 통하지
않는 행동양식이야.
그래,
이대로 가면
구미도 아시아도
받아 들여주지 않는
서태평양의 외딴섬이
되고 말 거야.
동감이네
금융시스템의
존재방식을
생각하는 것은
일본인의 삶의 방식을
모색하는 작업이기도
하지.
관료생활이 길어서
내외의 정책당국에
아는 사람도 많아.
그것이 조금이라도
도움이 되면 다행이지.
자네가 우리팀이
되어주면
큰 성과를 기대할 수가
있을 것 같은데.

그것이
지금 지탄받고
있는 거지요.
구미에서도
아시아에서도.
이번 사건으로 제가
통감한 것은
아시아와 어떻게
마주 보고 살아갈 것인가
하는 것이 우리의 가장
중요한
과제라고 봅니다.
힘든 일이
될 것 같지만
자네도 도와
주겠나?
기꺼이!
부행장님
솔직히 저는
이번 인사로
실망했어요.
하지만
말씀을 듣고
새로운 힘이
솟습니다.

나를 부행장으로 부르지 말게, 같은 연구원끼리 어울리지 않아.
무엇이지요?
오자키군 자네한테 또 하나 부탁이있네.
그것 참 잘됐어.
알겠습니다.
그냥 오가사와라씨로 부르게나.
그럼 뭐라고 부르면 됩니까?

오프쇼어(Offshore) 시장 비거주자의 자금조달·운용을 금융제도, 세제, 외국환관리 등의 제약이 적은 자유로운 거래로 인정하는 시장. 현재 런던, 미국, 홍콩, 동경 등에 있다.

주주대표소송 회사의 중역이 법령이나 정관에 위반해서 회사에 손해를 입힌 경우에 주주가 회사를 대신해서 중역에게 배상을 요구하는 제도. 중역쪽이 패소하면 회사에게 배상금을 지불한다.

규모만이 아니라 실지로 일본 제일의 은행이 되기를 바라네.

예.

신용거래 증권회사에서 돈이나 주권을 빌려서 주식을 매매하는 것. 즉 고객은 일정액의 증거금이나 그 대신에 증권을 담보로 하여 업자한테 돈을 융통받아 주식을 매매할 수가 있다.

쓱—
어서 오세요.
어머

어음시장 어음 할인을 중개로 하여 금융기관끼리 단기간의 자금을 서로 융통하는 시장. 어음 할인이란 상품판매에서 받은 상업어음을 지불기한 전에 지불기한까지의 이자분을 공제한 가격으로 매매하는 것.

그, 그래
자 앉게.

나
미
씨
다음에 윈도우95
사용법을 가르쳐
주지 않겠어요.
미국에서 사왔는데
매뉴얼이 영어로
되어 있어서
잘 모르겠어요.

자본금 실제로 회사를 운영하기 위해서는 땅값, 설비투자 등의 비용이 든다. 주주에게 주권을 판매함으로써 조달한 자금을 자본금이라고 한다.

무엇을 말하고 있는지 모르겠군. 오자키군, 이번 인사는 마음에 안들지 모르겠지만, 나는 자네 실적에는 만족하고 있어. 머지않은 장래에 반드시 본점에 돌아 오게 할테니까.
뭐라고!
알았습니다. 상무님, 아니 전무님. 기대 안하고 기다리고 있겠습니다.

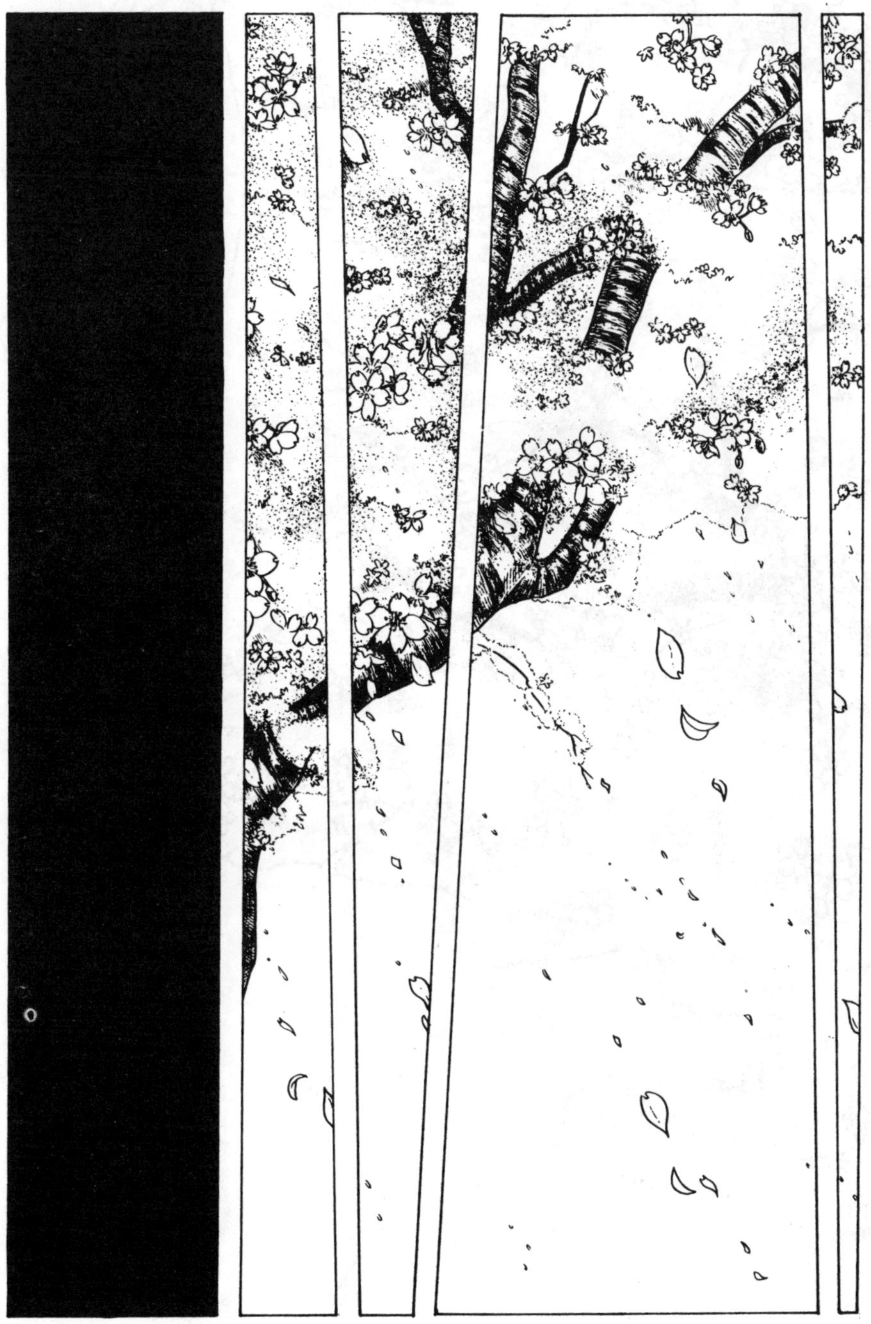

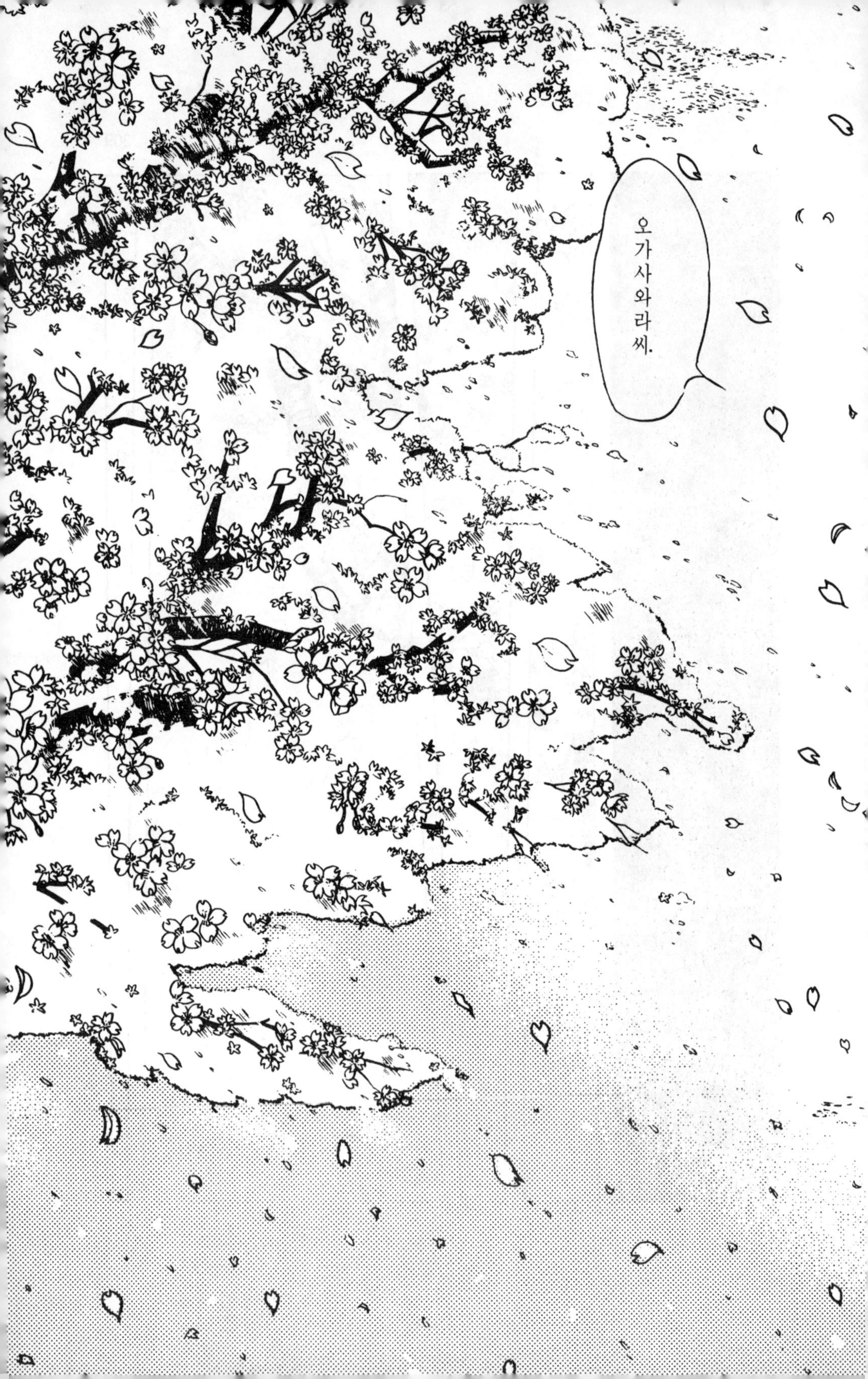
오가사와라 씨.

저도
해낼
겁니다.

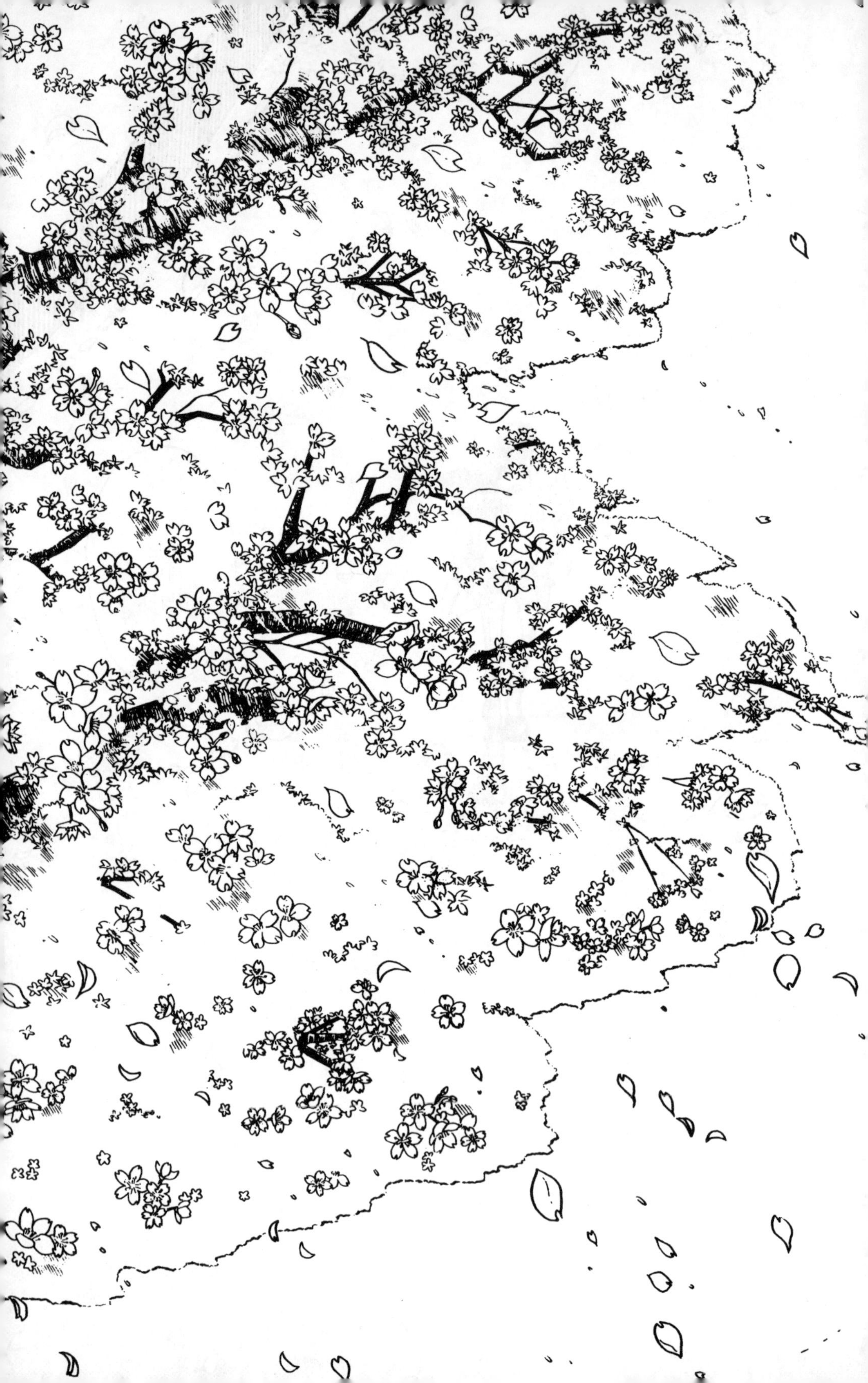

우편엽서

보내는 사람

주소

□□□ — □□□

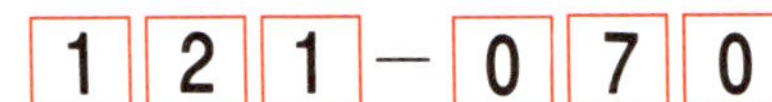

앞

서울시 마포구 용광동 494 – 4
전화 711 – 7821~2, 팩스 711 – 7823

1 2 1 — 0 7 0

도서출판 자작나무는 늘 독자 여러분과 함께 하고자 합니다. 아래 물음에 답하시어 보내주시면 독자회원으로 모시겠습니다.

여러분의 답변은 좋은 책이 되어 다시 여러분에게 돌아가게 될 것입니다.

1. 구입하신 책
제목(　　　　　　). (　　　　)에 있는 (　　　　)서점

2. 이책을 구입하게 된 동기
• 광고를 보고☐
광고를 본 매체
- 신문이나 잡지 이름:
- 라디오나 TV 프로 이름:
- 기타:

• 신간안내나 서평을 보고☐
서평을 본 매체
- 신문이나 잡지 이름:
- 라디오나 TV 프로 이름:
- 기타:

• 서점에서 우연히 (☐제목 ☐표지 ☐내용)이 눈에 띄어.
• 주위의 권유로☐ (　　　　)로 부터 권유(선물)받았음.

3. 이 책을 읽고 난 느낌

내용이 기대만큼	☐만족하다	☐보통이다	☐불만이다
책의 제목이	☐잘 되었다	☐그저그렇다	☐나쁘다
표지가	☐잘 되었다	☐그저 그렇다	☐나쁘다
글자 크기가	☐크다	☐알맞다	☐작다

4. 이 책을 읽고 난 느낌을 한마디로 표현한다면?

5. 이 책의 내용 중 가장 좋았거나 나빴던 부분은?
• 좋았던 부분
• 나빴던 부분

6. 이 책의 저자나 자작나무에게 하고 싶은 말씀은?

7. 즐겨 읽는 책은 어떤 분야?
☐시 ☐국내소설 ☐외국번역소설 ☐교양상식 ☐역사
☐철학 ☐과학 ☐에세이 ☐유머 ☐실용 ☐기타

8. 구독하고 있는 신문, 잡지는?
• 신문:　　　　• 잡지:

9. 즐겨듣는 라디오나 TV 프로그램은?
• 라디오:　　　　• TV:

10. 최근 읽는 책 중 가장 기억에 남거나 권하고 싶은 책은?
• 책이름　　　　• 출판사 이름

• 생년월일　　　　(남 녀) • 직업
• 전화번호(　　　　　　)
• 성의 있는 답변 고맙습니다. 저희 출판사에서 발행하는 책에 대한 신간안내나 홍보지를 보내드리겠습니다.